UJIROSKI

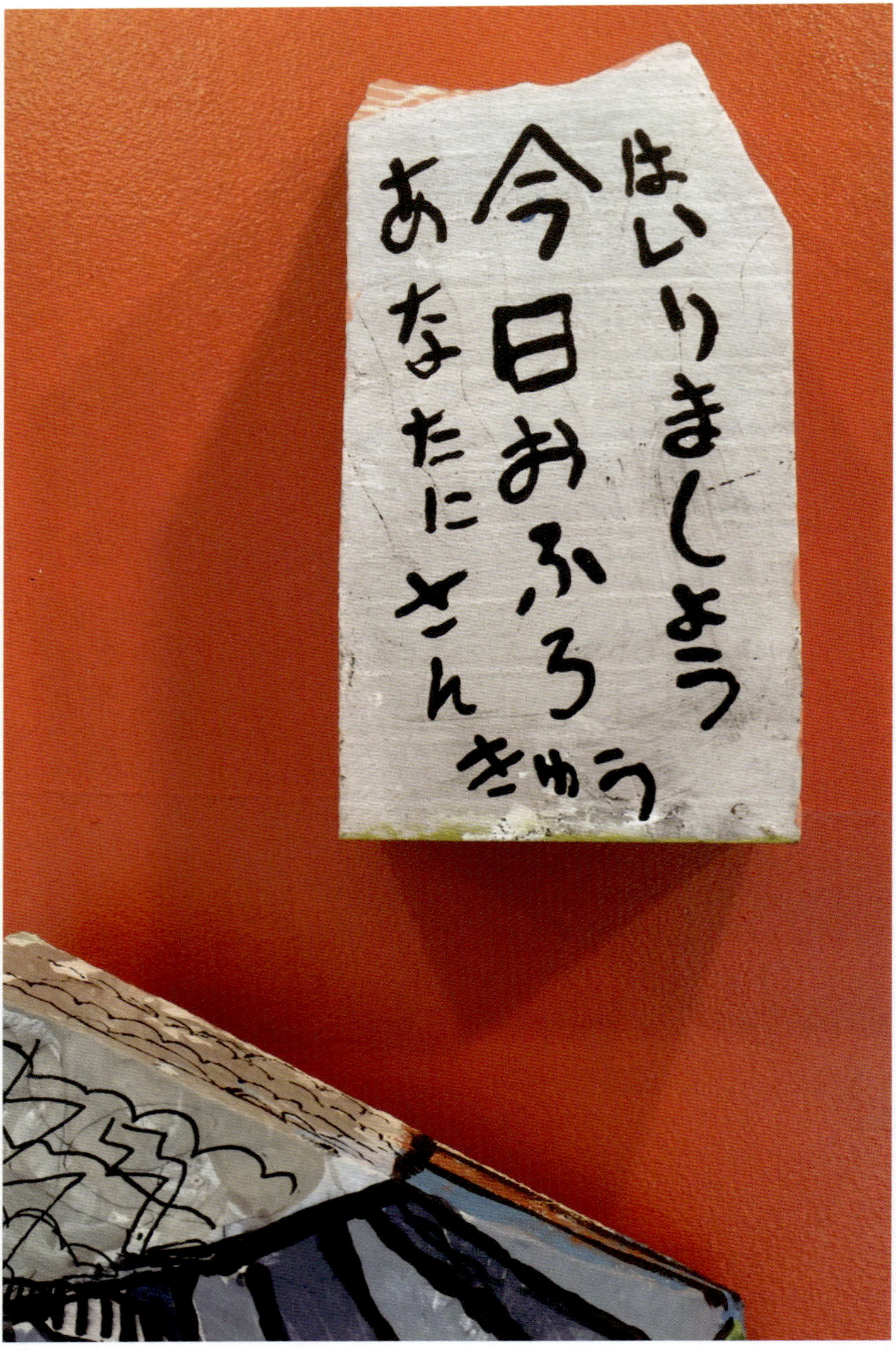
はいりましょう
今日おふろ
あなたにさん
きゅう

# ありのままがあるところ

# 目次

## 第2章　できないことはしなくていい　89

## 第3章　「今・ここ」でかなう自己実現と自己満足　141

## 第4章　人が生まれ、生きているということ　181

# はじめに

しょうぶ学園には、「穴堀り人形」というキャラクターがある。

三〇年ほど前、ある利用者に「穴を掘ってください」とお願いした。昔は生ゴミを園内にあった畑の片隅に埋めていたので穴を掘る必要があったのだ。そのことは本人もわかっていたから任せても大丈夫だと思っていた。夕方、部屋に彼の姿がないので探していた。畑の近くを通りかかると穴の中から人の声がした。見ると彼は身の丈以上の深さに掘り進めていて、穴から出られなくなっていた。

私は彼に「どれくらい掘ればいいか」と作業の目安を説明していなかったのだ。穴の中にいる彼を目にした瞬間、その一途で純粋な無心の行為に驚嘆し、心から彼や彼女に寄り添っていきたいと思った。人間本来の営みは、自然任せなのであると。それは、我々が失いつつあるものであった。

＊

脚を組んだり頬杖をついたりするような何気ない日常の振る舞いは、特別な目的などなく意識もしていないはずだが、どういうわけか私たちは何を行うにも意味や目的がなければならないと思っている。社会のシステムや秩序、人の知識が発達すればするほど、ルールや慣習に従うことが当たり前だと感じるようになっている。

知的に障がいを持つ人の「無目的的」な行為の先には、決して完成しない日々の心地良い達成感が繋がっているようだ。

しょうぶ学園では木工やテキスタイルをはじめとしたものづくりに取り組んでいるが、木を彫ったり、布を縫う行為も彼らにとっては穴掘りと何も変わらないことなのかもしれない。社会的価値や称賛と無関係で自分自身のためだけの行為。結果は予測せず、今の状態だけに関心を払い、物事をひとつひとつ繋いでいく。その結果がたまたま作品と呼ばれることもあるだけだ。そこにはありのままの無垢な創造性と無邪気で自然な行いがある。

私たちは彼らを「知的に障がいがある」という。しかし、利用者の中には、「自分は障がい者だ」と思っていない人がいる。彼らの多くは「自分は普通だ」と言う。「普通」という言葉をどのように理解しているかは不明確ではある。ただ健常者と比較して自分の行動に支障があり不自由であるとは自覚してはいないようだ。

自分のことを障がい者だと思っていない人を私たちが勝手に障がい者と呼ぶことはでき

穴掘り

ないはずだ。

ところが私たち支援者は、最初の出会いから彼らは「障がい者だ」ということを前提にしている。障がい者とは誰のことを指しているのだろうか？　まして「障がいを持つ人たち」への支援という仕事はいったい何なのだろう。


日々の暮らしの中ではさまざまな出来事が起き、時の流れは止むことなく過ぎて、ひとつひとつの小さなものごとの積み重なりがそれぞれの人の生き様として形作られていく。過ぎた月日を振り返ると、かつては少しでも利用者が幸せになれればと思っていながらも、それが彼らの生き様に余計な手出しをすることでしかなかったのだと思い至る。社会のルールや常識に囚われ、自分が正しいと信じている、世間で言う「ノーマル」に彼らを近づけようとしてきたと知る。

穴を掘る彼をはじめ、私たちの目の前で日々繰り広げられていたのは、今の現実を否定せず、相手や環境に逆らわずに物事を自然に決定していく姿だった。目的もわからない、即興にも似た行いは彼らにとってはナチュラルなのに私たちにはハプニングに見えた。だから「そんなことをしてどうするのか。それよりか何か実のあることが実現できるようになった方がいいではないか」とすら言うこともあった。

そんな問いかけをするのをやめたのは、彼らの行いには達成目標がなく失敗ということもないのだと気づいたからだ。他人に感化されない、影響を受けない。人間の根源的欲求がそのまま現れているように見える。そのことがわかり始めてからは泣いたり、笑ったり、怒ったり、悲しんだりといった感情に介入することはそもそもできないとわきまえた。そして食べる、寝る、遊ぶ、そうした日常のケアをする場合も、私たちの価値観や常識ではなく、彼らの独特な価値観に基づいていけばいいと気づいた。

そうすれば必ず人間のおもしろさに出会う。

健常者の備えている社会性に対して、彼らの人間本来のあり方を目の当たりにするにつれ、葛藤は高まる。しかしながら人間性を尊重する支援のあり方こそが向かうべき先であるのは間違いない。人間の本来持っている力というものを彼らの生き様が教えてくれた。

こんなにも感性の豊かな人の中にいれば、私たちの感受性も豊かになり、嬉しいことに社会性や協調性を失っていく時すらある。そうして喜びを感じるほどに、どうやら自分が元いた場所から別の世界に陥ってしまったと気づく。非常識なようで素直な彼ら。アンビバレンスな自分。彼らとの距離を感じると近づきたくなる。

地球は球体だと頭で理解していても、日常ではフラットに見えてしまう。

でも、まるいのだから必死に走り続ければもとの場所に戻るのだ。結局のところ目に見える何かを積み上げて成長しているように錯覚しても、元の場所に近づいているだけなのかもしれない。手に取ることも見ることもできない人間の行動の意味や価値は、いったいどこにあるのだろう。

# 第1章　心ここにあらざれば見て見えず

## 木くずになるまで彫る

しょうぶ学園内にある木の工房では、日頃から木彫りの器を作っている。「器をつくろうか」と利用者の一郎くんに声をかけると、彼は「うん」と素直に答えた。「それじゃあがんばって」と材料を渡し、私は自分の仕事に取り掛かった。しかし彼は、形は左右対称に、厚みは薄く、口元は滑らかに仕上げていくという条件にあわせて作ることができない。私が目を離すと器の底に穴を開けてしまう。そこで必要以上に彫って穴を開けないように誘導する治具を作った。口元のカーブがでこぼこにならないように鉛筆で印を付け、研磨してはいけないところにテープを貼る。そうして工夫して作り方を教えていく。

それでも作業をやりすぎたりやらなかったりする。だから何回も教える。失敗したところをスタッフが修正する。何回も何回も教える。互いに繰り返しがんばる。

しばらく経ってからノミを叩く木槌の音がしなくなったので、彼のもとへ行く。いつものように彫りすぎて器の底に穴を開けていた。それでもそのまま好きなように作業させていると、うれしそうに「終わりました」と伝えに来た。大きな器になる予定だった木の塊の姿はどこにも見当たらない。すべてを彫り尽くし、木のくずにしてしまっていた。たしかに彫ることは完遂されていた。唖然とした。彼は木の器を作ろうとは思っていなかった。木を彫ることがただ楽しいだけで、ただ彫るという行為にこだわっていたのだ。

学園には木の工房のほか和紙造形、布、陶芸の四つの工房がある。福祉施設での作業は、利用者が社会で通用する能力や技術を身に着けることを目的としている。いわば社会復帰のために行われていて、その支援をするのが職員の仕事のひとつだ。

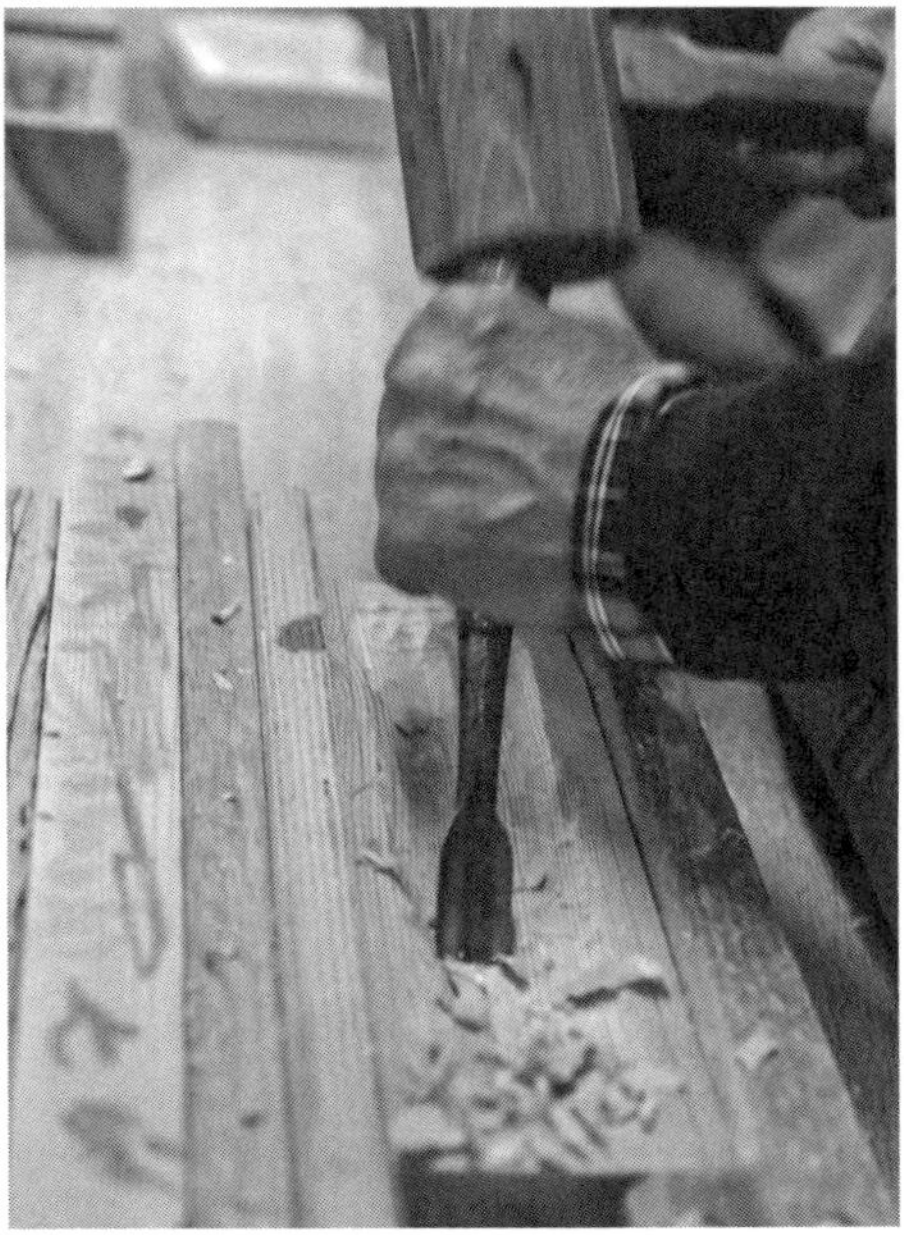
木彫りの様子（木の工房）

学園に木工部門ができたのは一九八五年。発足にあたって「工房しょうぶ」と名付けたのは、いずれは学園の利用者の何人かとともにアトリエとして独立するつもりだったからだ。そのためには、まず自分が木工家として一人前にならなくてはいけないし、それには技術の向上は欠かせない。家具づくりの書籍を頼りに見よう見まねでものづくりを始めた。近くの建具屋や大工にわからないことを直接聞きに行ったり、デパートの家具売り場にいそいそと出かけてはテーブルの裏を覗き込み、「なるほど。こうやって作っているのか」と参考にしたりと、独学で世の中に出回っている商品にいかに近づけるかを日夜考えていた。

そこにこだわったのはなぜかと言ったら、「障がい者ががんばって作っている」といった、お涙頂戴のストーリーは何としても避けたかったからだ。福祉というフィルターを通さなくても魅力のあるものを作れるようになりたい。そうすれば障がい者だってきっと社会と対等になれるはずだ。当時二〇代の私は「だって障がい者も健常者も変わらない、同じ人間だろ?」という思いを強く持っていた。

プロが作るものに追いつこうとしているので、スプーンや皿、椀をちゃんと作れるようにならないといけない。だから材料を木くずにされては困るのだ。

工房しょうぶを立ち上げてからの一〇年間、ひたすら技術向上に努めてきた。彼らに丁寧に教え、きれいに彫ったり、削ったりが少しでもできるようになれば「よくできたね」と誉め、「じゃあ、もっとがんばろう」と励ました。ともかく「よくできるようになる」「うまくなる」のがハッピーなことだし、彼らも当然そうなりたいと思っているに違いない。だから、私の考えを受け入れてくれていると思い込んでいた。

ところが実状は、丁寧に教えてやっとできたことも次の日になると、またいちから教えなくてはならないこともしばしばだった。こちらが望むようにうまくなってくれない。それでも知的に障がいがあるから難しいことはあるけれど、時間と愛情をかけて丁寧に教えれば、できることは増えるし、きっと成長していくはずだ。そう思っていた。

手順を教えて「わかった?」と聞けば「うん、わかった」と言う。でも、教えた通りに決してならない。めげずに「がんばろう」といえば、「うん」とまた頷く。その「うん」は理解したのか。それとも習慣で覚えた単なる相槌なのか。人それぞれだから見極めるのは本当に難しい。

それでも穴が開くまで彫ってしまう人がいる。材料費が無駄になるし、売り物にならない。かと言って、「穴を開けちゃダメだよ」と作業を止めさせると不満気な顔になる。その顔つきはとても気になった。「健常者のようにうまくできるようになるのがいいのだ」と思いながらも、どこかで彼らにとっては「何か違うんじゃないか」と感じていた。この葛藤は私の中にずっと居座り続けていた。

材料と道具の揃った木の工房

## しょうぶ学園で働きはじめた理由

福祉のなんたるかも知らなければ、格別の思い入れがあったわけでもない。やりたいことが特にあったわけではなく、することもないし、とりあえず親が立ち上げたしょうぶ学園で働いてみよう。東京での暮らしに見切りをつけ鹿児島に帰って来たのが一九八三年、二四歳のときだ。その程度の気持ちで始まった福祉との関わりだった。

自分は何がしたいのか。人生の目標を見つけようと、それなりに試みはした。大学ではラグビー部に所属し、懸命に練習に励んだ。おかげで大学日本一を経験したものの、厳しい寮生活に疑問を持ち二年で退部。自由な学生という身分でバイトやサーフィンに明け暮れた。

卒業後はバックパッカーとしてアメリカの西海岸に渡った。サンフランシスコからサンディエゴまで南下し、そこでルームメイトを見つけてアメリカ人とカナダ人と三人で暮らした。仕事を見つけ中古の古いバイクを足にして走った。それぞれの家の前に掲げられた星条旗がはためく景色が後ろへと流れていく。アメリカにいるという実感を持つと、日本にいたときに感じた窮屈さが思い返され、それだけに晴れて自由の国に来たのだなという

日体大ラグビー部時代、昭和54年1月　対新日鉄釜石：「ラグビー・マガジン」（1979年、ベースボール・マガジン社）

思いが高まった。庭師や大工として働いてお金を稼ぎながらの暮らしで、道を尋ねたり買い物ができるようにはなっても、言葉の問題はやはり大きかった。

自由に憧れてアメリカに来たのに、月日が経つにつれて不自由さを感じていた。言いたいことが伝わらない。伝える術を持っていない。だからたまに日本語を話せる人と出会うとすごく嬉しかった。命がけで、死んでもいいという覚悟で来たつもりだった。このままアメリカに住む選択は魅力的でもあったが、ここで何のために生きていくのか、自分のやりたいことは一体何なのか、自由に生きるということの深さを思い、常に疑問を持ちながら、ただアメリカで暮らしていくことに何の意味があるのかと空虚な気持ちに襲われた。そういう悩みを抱えながら結局、現地での暮らしを一年で切り上げた。

帰国後、再び東京でカフェやパスタ店でアルバイトをしつつ、マスメディアへの憧れから、テレビ局や出版社の面接を受けてみたが、当然のように不合格。

あるとき、当時の若者に人気のデザイン事務所で働くチャンスを得た。だが、「おまえの親は福祉施設を経営しているんだろう?『親の仕事を継ぎます』と言って途中でやめてもらっても困る」と言われた。今は家に帰るつもりはないが、帰らないとも限らない。はっきり答える自信がなく、そこで働くのは止すことにした。このまま東京にとどまっても中途半端にしかならない。それならいっそ鹿児島に帰ろう。そう思っての帰郷だった。

福祉に特別な興味を持ってはいなかったとは言え、しょうぶ学園の創立前にまだ母親が児童施設の指導員をしていた頃、幼い時分の私は学校が終わると母の職場に遊びに行っていた。その当時、知り合って、現在しょうぶ学園にいる利用者はいまだに私のことを「伸ちゃん」と呼ぶ。普段の暮らしの中で接する障がい者に特別な違和感も持っていなかったし、知識はないが自然と彼らと触れ合う感覚は持っていた。

そんな私がしょうぶ学園で働くようになってからしばらくして、「寮で使うスノコを作ってくれないか」と依頼を受けたのをきっかけに木の工房を立ち上げた。それが先に述べた

「工房しょうぶ」の始まりだった。凝り性だから興味を持つとある程度のところまでは極めたくなる。木工は未経験ではあったが、それでも自分で何か作るのは好きな性分だった。当時あった小さな体育館の隅の三メートル四方程度の倉庫スペースを借り受けて工房しょうぶは始まった。

## できないことができるようになるとは？

しょうぶ学園には服や刺繍などテキスタイル全般を扱う「nui プロジェクト」がある。現在、ここを取りまとめているのは、私が鹿児島に戻る際に結婚した妻の順子《のりこ》だ。nui プロジェクトの前身である布の工房では刺繍のほか、大島紬の機織りの下請けもしていた。機織りに歪みやずれは禁物だ。ちゃんとした形にならなければ糸を解いてやり直さなくてはいけない。刺繍に関してはあらかじめ線を引き、そこを縫ってもらうようにしていた。きちんと線通りに縫えなかったら「もう一回がんばろうね」と声をかけて、またやり直す。「もう一回がんばろうね」に「うん、わかった」と返事しても、まっすぐに縫えない。どうしても線から逸れたり縫い過ぎてしまう。「そうではないよ」と指導すると、やりづらそうな利用者の浮かぬ表情に出会う。私が木工でぶつかった壁に順子もまた直面していた。

その頃の私たち二人は仕事が終わって顔を合わせると、彫り過ぎたり、縫い過ぎたり外れたりする行為についていつも話し合っていた。「ここまでやるの？」「ここで止めるの？」「この感覚はなんなのか？」と思いがけない表現行為がどうしてか気になっていた。

順子は私と違って根気強いというかマイペースな性分で、こちらの意図に沿っていない、過度に施された刺繍に心惹かれていたようだった。利用者の刺繍した布を引き出しの中に溜め、いつ誰が作ったのかも記録していた。

そういう毎日を繰り返すうちに、楽しそうに木くずにしたり縫い過ぎたりしていることをやめさせ、難しいことを克服してできないことができるようになるのが彼らにとって本当にいいことなのかどうかわからないと思うようになった。

もしかしたら支援する側に「穴を開けずに彫る」「まっすぐに縫う」という意図や目的が最初からあるので、利用者にやりづらさが生じるのかもしれない。そこではたと気づいた。好きなようにすれば当然やりやすいはずだ。

まじめな健常者は普通、困難な課題を克服し、新しい技術を獲得し、能力が増していくことに喜びを覚える。つまり、できないことができるようになることが重要になる。そこまでして苦手なことを克服しようとするのはどうしてかというと、健常者には他人から評価されるようになるとか、そうしたことで充実感を得られる欲があるからだ。

けれども彼らには、できないことを克服しないといけない理由がまったくない。なのにどうして私は彼らをがんばらせて私たちの意図する目的をやり遂げさせようとしているのだろう。できないことができるようになるのが良いのだという考えがぐらついて来たのは確かだ。

その頃の私は彼らの能力の向上に懸命になっていた。そうすれば生活の楽しさや幸せ、つまり生きがいにつながるはずだと思っていたからだ。でも、それはいったい誰のためになるのか？　技術を向上させることが不得手な人たちにその目標に向かわせることは無理なのだと薄々ながら気づいていた。そして見えて来るのは、その人に向いていないことを強いている、その人らしさを否定し、無理矢理変えようとしている自分だった。そんなことを考えるようになった時、脳裏をよぎったのは、妻の順子が以前見せてくれた布の塊だった。

## 固く縫い上げられた布

ある日、順子は「やりたがっていない人にこれ以上、無理をさせないほうがいいと思う」と私に言うと、「ほら、これ。なんか良いと思わない？」と固く丸まった布を見せてくれた。

利用者の郁代さんの作ったものだ。順子はもう無理にまっすぐ縫わせることをやめていた。目の前に差し出された布は、本来なら平面的なステッチ模様で刺繍を施すべきものだ。郁代さんはそれを無視して布自体が丸まるまで固く縫い上げていた。これもまた製品にはならない。けれども、瞬時にそのてらいのない美しい配色と形状のおもしろさに魅了された。

また、ある利用者と一緒に刺し子のふきんを作っていたあるとき、下絵を描いて「こうすればいいよ」と言うと彼女は「わかった」と言い、刺繍に取り掛かった。しかし、彼女は順子の言葉を無視するかのようにまったく違うことを始める。何回も「わかった」と言う。下絵にまったく添えずに針があっちへ行ったりこっちへ行ったり、何度刺しても下絵の通りにはいかない。次第に地の布が見えなくなるほど、糸の部分が膨らんでくる。「まっすぐに縫う」ことの価値と意味が最初からわかっていない彼女にとって、線に沿う意味はまったくない。順子はそう考えるようになっていた。

加えて、そういう「指導」のあり方を改めるきっかけになったのは、福祉施設の職員ならば当たり前のように「先生」と呼ばれていたことも関係していた。

実は順子が最もなりたくない職業が「先生」だった。というのは、彼女がこれまで抱いていた先生像とは、「本人がやりたいことをさせず、常にやりたくないことを強いる」存

nui project インスタレーション（詳しくは 125 頁を参照）

在だったからだ。つまり、学園において順子が最もなりたくない、嫌いな「先生」として利用者に接していたことになる。それに気づいたとき、教えるのをやめた。すると、布を丸めるまで縫い上げる「作品」が工房のあちこちに転がっていることに気づいた。その塊を見たとき、順子は「私がいる」と感じたという。

彼女は子供の頃から糸や布が好きで、洋裁の得意な母親から教わりながら、自分が好きなものを好きなように作れるようになりたいと思っていた。ところが親からすれば、正確に作れることがあくまで大事で、そう教えようとした。彼女が自分なりのやり方で縫おうとすると、母親は「そうじゃない」といった調子で口をいちいち挟む。

順子はきちんと作るのが苦手で、あくまで作りたいように作りたいし、それでいいと思っていた。自分がそれで満足できると思っているにもかかわらず、それとは違う正しさを強いられることには我慢がならない。そこで喧嘩になる。

だからまっすぐ縫わなくなった彼らが実に堂々と好きなように縫い始めた姿を見たとき、そこに認めて欲しかった自分を見た。丸まった布を発見したとき、かつての自分をやっと認めてもらったような感覚を得たのだという。

彼女はこう言う。

「あの人たちにまっすぐに縫うように強いることは、否定されてきた自分を見るようなものだった。だから、できないことをさせるのではなく、ここにいて好きなことをして、それが楽しいのであればそれでいいじゃない。そういう時間があったら何より私が楽しい。そう思うと光が見えてきた」

「もっと好きなようにすればいいよ」と順子が言うと、彼らは初めまっすぐ縫わなくていいことに対して困った顔をしたという。本当に好きなように縫っていいの？　と戸惑う表情をしては、「こんなのでいいのかな？」とおずおずと何度も見せに来た。ところが、だんだんと重ねるうちに「これでいいでしょ！」と自信ある態度に変わってきたのだ。

それでも職員間では考え方に温度差はあった。「きちんと揃わないといけない」という考えがまだまだ常識で、いくら「まっすぐ縫えなくてもいい」と言っても、やはり長年培ってきた考えからは離れられず、「まっすぐ縫わなくてもいい。好きにすればいい」という変化の訪れに、職員が全面的についていくのは難しかった。

## 傷跡が装飾に見え始める

社会復帰のための訓練という考えを忘れて、まっすぐに縫えなくても木くずになっても、それはそれで良い。そう認めた途端、まっすぐではない運針と木くずになるまで彫るというふたつの行為の価値観はまったく同じであるという気がしてきた。ただ縫う、ただ彫るだけでそれ以外の目的がまるでない。

こちらは製品にしたいというゴールや成果を期待しているけれど、そもそも利用者の多くは、そういう考えをどうも持ち合わせていないようだ。

たしかに「器を作ろう」と言えば、「わかった」と返事していたので、つい目的を共有したつもりになっていた。だから、うまく作れない人がいれば、そうできるように導いた。そうすることが支援だし、当然だと考えていた。とはいえ、こちらが示した「見本」は彼らにとってはあまりにも難しいものだった。それでも、うまく削れない人がいつか「見本」通りに削れるようになるのがいいことだと思っていた。

だが、その「いつか」がいつ訪れるのか。ゴールに向かってはいても、肝心のゴールが見えてこない。このままではいつまで経っても教える側も教えられる側もお互い苦しいという話になる。

ただ縫う、ただ削る。

ただひたすらに手を動かし続けるという行為を見つめていると、うまく縫う、削るといった結果ではなく、目的や常識から逸脱することにかける無意識のエネルギーがそこに生まれていることに気づいた。それは私が思い描く目的を簡単に無視して、それどころかあま

木彫りのスツール

りにも目的から外れているがゆえに無目的な行為に見えてしまう。だが無目的なのではなく、「無目的的」なのだ。

目的を持つ、持たないということについてもう少し考えてみる。一般的には、目的を持ってそれを達成するために努力することが良いとされている。たとえば、自転車で坂道を漕いで厳しい峠道を超えるとする。体力と精神力を鍛える美学がそこにある。大切なことは、目的を持つことなのだ。

一方で、平坦な海沿いの気持ちいい風の吹く道路をスイスイと走るサイクリング。どこに行くのかわからずに目的地もなく、ただ無理なく走る。雨が降れば軒下で雨宿りする。その先には目的がないからがんばることはない。上り坂になったらゆっくり押していけば良い。

目的を持たないということは、身体の求める方向に素直に従って生きることであり、決して怠慢な生き方ではない。自分の知っていることに頼って素直に行動することだから、自然体であり波風の立たない生き方になる。

ただペンを走らせる。ただ縫い続ける。ただ彫り続ける。

その先には作品としての完成もない。評価もいらない。心がざわつけば不穏になる。嬉しいと笑顔になる。修行もしていないのに心と身体が合致している生き方。目的を持って必死にそこに向かう生き方もいいけれど、目的を持たないという美意識に私は憧れる。

誰しも物事に逆らわずにやりやすいようにする時にはやりづらさや不自由さは生じないし、何より幸せそうに見える。自分の価値観が変わると物の見え方が変わってくるから不思議だ。まっすぐに縫えないから製品にはならないが、色合いがきれいならそれだけでいいじゃないかと捉えてみると、おもしろいことにノコギリやノミで木に傷をつけてしまう人の行為など、社会的には意味のないことでも、禁止されるべきことではないと思うようになる。それも本人がやりたいことであり、得意なことに見えてくる。

私は製品というものは傷をつけてはいけないと思い込んでいた。しかし彼らが楽しそうに木材を釘で引っ掻く様子を見ていると、だんだんとその傷跡が模様として浮かび上がり、使い物にならないはずの板もオブジェのように見え始めた。もしかしたら何かに活かせるかもしれない。そこで職員と話し合った。傷だらけの板に枠をつけて盆にするというデザインに落ち着いたとき、対外的にも「これはおもしろい」と評価され始め、少しずつ売れるようになった。

傷ついた板という結果だけを取り上げれば、非生産的な行為として「無駄」になる。でも、それが製品を作り上げる工程として認められると、否定されることではなく、ただの「傷つける行為」は「装飾」として認められるようになる。定型のものを作るときのような「こうでなければいけない」というゴールや成果に近づくための努力はいらなくなる。傷が装飾になる。彼らの行為を追求していくと、次第に表現活動の考え方に変化が起きるようになる。こうした迷いの中から、本人がやろうとしていた目的や価値と支援者側が考えていたことの相違の大きさにやっと気づいた。

製品としてはもちろん不完全だが、不思議なエネルギーを持つカタチが生まれた。ひょっとしたら、これが工房しょうぶのオリジナルクラフトになるかもしれない。ようやく方向性が見えてきた。そして、彼らに全面的に任せてしまう自由な制作スタイルが展開し始めた。無意識的なひとりひとりのこだわりから予測を遥かに超えておもしろいものが生まれ始めた。特別な技はいらない。彫ることは、ノミと木の塊があればいい。縫うことは、針と糸があればいい。周りが期待する善し悪しを無視して、彼らは次第に実に自由に振る舞うようになっていく。

彼らの行為のすべてを「人間は価値のある何かに向かっている」という感覚で捉えるようになったのは、松本民芸家具の創設者、池田三四郎氏の思想に大きく影響を受けたからだろう。自らの体験と民藝の考え方が繋がって、人がものをつくることは生きる上で大切なことと改めて思うようになった。また、知的障がいのある人たちの表現について、いろいろなことが諒解できるようになった。

## 池田三四郎氏との出会い

私がしょうぶ学園で働き出して間もない、学園の作業活動に木工を取り入れたばかりの二六歳の頃、松本民芸家具を訪問した。恐れ多くも連絡も入れずに池田三四郎氏に直接会いに行ったのである。

書斎に通され、挨拶もそこそこに「君が座っているその椅子はどこの国のいつの時代のものかわかるか?」と尋ねられた。何もわからず首をかしげて答えられない。さらに「壁際にあるベンチは知っているか?」「この使い古したつくりの悪い椅子は?」と尋ねられるが答えられない。「君は、何も知らないから僕のつくった松本民藝生活館の作品を見ても何もわからないだろう」と言われた。木工について、あるいは民藝について何も知らないということを恥じた。

しかし、池田氏は、自分のこれまでの民藝の仕事について思い出すように話してくださった。七五歳を超えていらしただろうか。自分の死に対する嘆きのようなことも話された気がする。誰でもよかったのかもしれない。いやむしろ、どこの馬の骨かわからない青年だからこそ、率直な生と死についての想いを話されたのかもしれない。

「障がいのある人と一緒に何をつくれば良いか」という愚直で瑣末な私の質問に対し、「木の塊とノミを渡せば人は何かを彫り出す」「興味がわけば夢中になる」「そこから考えれば良い」と、不確かであるがこのようなことをおっしゃったと記憶している。さらに「先ほど、君に質問したつくりの悪い椅子の作者は、近くに住む中学校の英語の先生だ。何もまねないで自分で考えて、ノミとノコギリだけで心を込めて作った椅子だ。そこらにある世界の立派な技術と伝統のある椅子にもまして、すばらしいものだ」と述べられた。

驚いた。もっとかっこいいデザインを推されると思っていたら、木工の素人が手がけた椅子を誉められたからだ。民藝の家具は座り心地や耐久性に関してかなり厳密に作られている。それでも池田氏が評価したのはノミとノコギリで懸命に作られた、あまりに素朴な椅子だった。

「これは座り心地が悪くてもなんとなく座っていられるんだよ。かといって同じような形をしていても座っていられない椅子もある」

「味は舌、音楽は耳、美は目の修行になる。心ここに非ざれば、見て見えず、聞いて聞こえず、食えどもその味を知らず」と先人が言うように、何事も心がなければ始まらない。心がその人の柄を決めるのだろうと思う。そうであれば、きっと物にも物柄があるはずだ。物柄は、それを作った人や使う人の心が物に素直に映えて行き、心通っていくことで生じ

木の器

るだろう。池田氏との出会いによって、物と心との関わりに思いをはせるようになった。

帰り際に、薄い冊子を二冊渡された。池田氏が弟子のための教本として書かれたものであった。数年して、氏の話の奥深さが解ってきた。ここから本来目指すべき工房しょうぶが始まったのである。

現在、利用者の多くは夢中になってノミを木槌で叩き、木を削り、彫っている。

その姿を見ると、池田氏の言う通り、興味を持たないことに人は向かわないのだと思う。そうであれば興味のないことをさせる必要はないはずだ。そして民藝の心は、森羅万象に学ぶ自然体の考え方や真の美や調和について深く繋がり、人間力と本能の力を育てることであると知った。以来、私は、美しさは心で見えるものなのだと理解している。

## 民藝に魅せられる

「物心一如」という教えがある。物と心は一つであり、それぞれの石ころも命を持つという考えである。池田氏の著書『美しさについて（会津民芸夏期学校資料）』には「物の風格というものは昔から物柄と言われ、人々に於ける人柄、即ち人格に通じる」とある。

では、人と物との心の通い合い、あるいは一体に感じることの意味と生きることとの関係性をどう捉えるのか。また同著では、単純な例は子供に見ることができると言う。

「子供達の純粋な驚きの感情から出発して、智恵の世界に侵されず、そのまま育って行ったら美しいものは何んでも見分ける感覚をもつようになるが、（中略）大きくなって色々な智恵がつけばつく程、感覚の世界では俗人になってしまう」

美しさはわかるというより、感じるか感じないか、なのだ。

「感じること」を情操と言うならば、その反対側に知識がある。物を見て喜びを感じる。あるいはその物を手に入れたい、使ってみたいと思う気持ちが「親しむ」という心の働きとなり、その物とつながる。作り手と使い手の心をつないでいる物にその心が宿ると思うならば、物は心の媒体なのである。

筒井正夫氏の論文「柳宗悦における『物』と『心』」によれば、柳宗悦は『用の美』において、作り手の資質についてこう述べている。

・用に仕えるための無欲な心＝無名性
・用に仕えるために、知を誇らず、迷わず、感傷に陥らずひたすら伝統の手法に則る無心性
・その無欲性・無心性と「長き年と多くの汗と、限りなき繰り返し」という伝統の手技から生まれる自由と創造の境地
・用に仕えるために、奇異とか威嚇とか工《たく》みを廃する、素朴で至純で控え目な性質
・各地の自然、風土の特質を素直に器に映し出す「天然に従順なる心」

次に使う側の立場を考えてみる。使い心地という言葉があるように、使いやすく、見て快く、なくてはならないものであり、物の用においては、同時に心の用も満たさなければ美にかなわない。

以上のように、物をはさんで使い手と作り手の相互理解という文化が育まれている。手の仕事というものには、無心に物に向かうその瞬間にこそ、人間の悲哀も空しさ一切をも受け止める抱擁力があると言う。

「物は用いられて美しく、美しくして愛せられ、愛されてさらに用いられる。人と器とそこには終わりなき交わりがある」（柳宗悦）。

物と心にも、作り手と使い手お互いの〝思い思われ〟という相思相愛の感情がある。鞍田崇氏が著書『民藝のインティマシー』で取り上げられているように、物そのものがいとおしさにつながっている。このことは物を人に例えて考えてみるとわかりやすい。純真な心の流れに逆らわない物の精神について思えば、自分の仕事柄、知的障がいを持つ人々の純真さに重なってしまう。それは民藝における知を誇らない無心、従順性、繰り返しと継続性、素朴で素直であるという条件に合致する。

さまざまな物の美しさは、さまざまな人の美しさを映しているようだ。

装飾という技法によって本質が見えなくなる傾向がますます強くなっている。現代、落ち着いた形や素直な心、飾り気のない地味な風合いが失われ、人間形成における信頼の重みが薄れていくことになんともやりきれない気持ちに苛まれることがある。大量生産で効率よく作られた製品。一見便利で斬新と言われる物の中には、一時的な流行や華やかさの爛熟の中で栄えても、瞬時に消えていく弱さを露呈した物が氾濫している。作った人の人柄を知ることができない。物が人の心をつなぐというものづくりの意味が消え失せていき、物柄が見えなくなっている。どういう物や人が信用でき、本当の頼りになるのか。

人間が作りだす物に論議が絶えないのはなぜだろう。何物にもとらわれない見方はなかなか難しい。不可能だとしても見る目を養うことはできる。柳宗悦は「知らば見えじ」「見ずば知らじ」と言う。

利用者とも共同で行った植栽作業

つまり直感的な感覚を養うためには、良い物を見るという修行によって「感じる＝情操」を育てることと、人や文献から学ぶ「知る＝知識」この両面が大切であると言える。私が考える「物心一如」とは、物の形だけではなく、個人個人の性質によって生まれてくる「心や行動＝アクション」すべての能力の可能性を発揮して、あるものがありのままに現れるということである。その上に感情や感覚を重ねながら人々と交流することは、人間らしく能動的に生きることの原点のように感じている。

## 山の木と庭の木

先頃の春先の三月、学園近くの一万坪の雑木林が住宅地になると知った。学園に森を造りたいと思い、伐採される予定の雑木を移植させてもらうことにした。職員と園生で山の木を掘りに行った。そこで仕事をしていた職人曰く、「山の木をどこに植えるのかね。こんな木は庭木にはならんよ。庭に植える木は、見栄えが良くて名が知れた木が良かよ」。

私は庭の木と山の木に違いがあることを意識していなかった。庭の木とは、いわゆる〝造園〟と言われるが如く、造られた庭に植えられるのに相応しい木のことだ。

職人の言葉にすかさず答えた。

「大丈夫ですよ。私たちは庭を造るのではなくて、山を造ろうとしているので。だから山の木がいいんです」

完成された庭の手本は、やはり自然の風景であると思う。雑木林を観て評論する人はいないが、庭園を観て評論する人は多い。知識や見本があるから品評できる。だが、その時、自分の目で観ているのではなく、「庭はこうあるべきだ」という基本を知っていることで美しさがわからなくなっている。

池田三四郎は、柳宗悦の文を引用しつつ前述の『美しさについて』でこう述べている。

「元来美しさの問題は分かる分からないで決まる事ではなくて、却って分かろうとするから益々分からなくなると言える。この場合分かるという言葉は一般には知識的にはっきり理解するという意味である。然しそのように智的に分かったと言っても、実は分かった事にならないのが美の性質である。（中略）自分の持っている知識で、『これはこうだ』『こうではないであろう』とか『これはこういう筈だ』というように物を判断する、言い換えれば審判してはいけないという。これをやることは自分の知識という色眼鏡で見ることになるから、その眼鏡のもつ色しか見えないことになる。他の色は皆眼鏡の色に吸収されてしまって、その色しか見えないであろう。

だから、本当の物の美しさは在りのまゝの姿を見せてくれない。つまり始めから審判者の立場に立ってはいけない。判断して得られるものは矢張り知識であって、美ではないと先生は言われる。自分が主人で、物が従としていることになる。そのように美を味得、鑑賞する場合、常に自分が自分で邪魔をすることになる。だから始めから自分というものを捨て、無心で物に接しなければならないという事になる。自分を白紙の状体におく、自己を空しくする位置におく、小さな自己を捨てゝ大きなものへ、言い換えれば凡てを受け取ろうとする広い心をもつという事でなければならないと先生は言われるのである」

現代は、知性や利益だけのための物、表面的な新しい機能や意味のない装飾に頼った不必要な物が濫造されている。何かを感じて「これは美しい」と体得する機会があまりにも少なくなっている。もはや新しい物ではなく「古いもの」、さらに感性を最も刺激する造形物の原点である「自然物」に関心が強くなってきた。

雑木林の美しさは、自然から生まれた。そして、人間の喜怒哀楽も理由なく感じることから生まれた。真実とは、知識ではなくやはり感じることにあると思う。印象という自分自身の内面から生まれた感覚に従うことこそが美をわかると言うことに他ならない。

自然の恩恵に感謝しながら、雑木林をよくよく観てみると実に意図のない伸びやかな美しさがあるのに気づく。その美しさを庭に表現するためには、まっすぐに整えて剪定された木だけでなく、自然に従って空間と光を求めて柔軟な形で枝を伸ばした自然樹形の木があるといい。山の木を移植するとそこに生息していた野鳥が訪れる。水が流れていれば、生き物が水を飲みにくる。生きるために木は必要だと言うことがよくわかる。庭に山の木を植えて山の庭を造る。自然のまねはまねだが、学園の庭はこうありたい。

## ものづくりから人との関わりを考える

興味を持てばそこに人は自発的に向かう。そうだとしても、この発想だけがいつも正しいと思い込んで支援にあたると、一方向からの偏った見方にもなりかねない。作業に興味を示さずただボーッとしている利用者に対して、とにかく何かに興味を持たせようと、ついこれはどうだろうと促してしまう。

実際、かつてのしょうぶ学園でも作業場になかなか出てこない人をなだめすかし、あの手この手で説得して巧みに作業場に連れていくことが優先されていた。ともかく連れて来させ、作業に集中させることを最優先にしていた。ものづくりを通じて、その人らしさが発見できるし、持ち味が発揮できると思っていたからだ。そうすればたしかに以前に比べてできることは増えた。

けれども、無意識のうちに「私の言うようにすれば、きっといい人生になるよ」という考えを自分が抱いていたのかもしれない。だから「がんばろうよ」と努力を強いることを疑っていなかったわけだ。繰り返し積み上げていけば相手の理解に届くと考えていた。そのやり方で得たこともある。

だが、今にして思うと相手がこちらに合わせてくれていただけかもしれない。当時の彼らは残念なことに、本能的に職員に合わせないとうまく生きていけないというのは知っていただろうから。

作業場に行きたがらない利用者をいくら部屋からうまく連れ出したり、作業に取り組ませることができるようになっても、その働きかけは本人の「今そこに向かえない状態」を無視して、間接的に強制になってしまっていたことには変わりない。

こちらの考えに相手を従わせるのではなく、彼らに私たちが合わせるべきではないか。作業に向かわないのは、与えられた題材が今のその人に合っていないからかもしれない。そんなふうに考えが変化する余地が自分の中にあったのは、やはり木くずになるまで彫った彼の満足そうな表情を折に触れて思い出したからだ。

「がんばればきっといいことがあるよ」と言うときの「いいこと」とは、誰にとってなのか？　がんばらせるのは、こちらの満足でしかない。では彼らが満足するものは何か。少なくともお仕着せの作業にそれを見出せないのであれば、「この人はどういうものなら興味を示すのだろう」と相手に合わせて試行錯誤するほかない。作業に向かうことより、むしろその人が何を欲しているのかを考える時間こそが重要になる。

多くの利用者には怠けるという概念がない。なぜなら元々合意もなく自分で決めた作業ではないのだから、作業をしないこと=怠けるではない。拒否なのだ。怠けているように見えるのは、やりたくない、望んでいないという表明なのだ。こちらがそういうことに気づけば、その人の「できないことをできるようにする」から「できることを探す」スタイルに変わっていける。

人は何に興味を示すのだろうという問いは福祉におけるケアの質と深く関わっている。ものづくりにおいては、先述したように作り手の心が映える「物柄」が欠かせない。ケアにおいては人柄と物柄の関わりが問われる。携わる人の心が物の見え方、人の捉え方、ひいてはケアの質を変えていく。目の前の人がまっすぐに縫えないとしたら、それは否定されるべきことではなく、その人の心が映えているはずだ。そこに気づけば彼らは何も変えることなく、そのままでいられる。

良いものが生まれる条件として挙げられるのは、その人にふさわしい環境と題材に恵まれたときだ。そして他者に示された目的に拠って作らないこと。環境とは安全で快適な場所もそうだが、空気という形のないものとそれを醸し出す仲間も大事だ。

社会のルールに従い、そこに築かれる人間関係に囚われて行動する。それを「正しいことだ」と信じ「そうでなければいけない」と常識に近づけるように障がい者を導くのだとしたら、それは多様性の否定でしかないだろう。

「こうでなければならない」という価値観や考えは自分自身にはともかく決して他人に向けてはならない。そうして互いの関係性が変われば、支援に対する見方に幅が出て、障がいを持つ人がそのままでいやすくなる。そこには健常者が設定した「こうでなければいけない」というゴールや「努力を積み重ねればできるようになる」という考えに近づく努力はいらなくなる。

私がこのような考えに至ったのも、そもそも教科書に書いてあるような福祉教育を受けていなかったおかげかもしれない。

学校や行政といった公共性のある組織は良し悪しはともかく、多数派の決まり切ったカリキュラムやルールに従って物事を捉えさせようとする。そうした常識的で特定の方向からの見方が正しいと考えがちだ。

福祉施設も公的な存在ではあるけれど、本来「活動に積極的に向かわない人をどう捉えるか」についてもその人固有の欲求や考え方を尊重し、人間の可能性をもっと肯定的に考えられる余地があるはずだ。そこが民営福祉の可能性であり、変化し動いていくことができるおもしろさの宿るところだ。

## 未完成な創造性は無限である

福祉（WELFARE）という言葉は、もともと幸せを意味した。一体何をもって幸福な人生と言うのだろうか？　WELFAREとは、WELL（＝素晴らしい、運のいい）とFARE（＝旅する、暮らし）を合わせたものである。「よき旅先案内」とでも訳せるだろうか。

私たちは好むと好まざるとにかかわらず一定の社会関係の中で生きている。さまざまな不満を抱えながら、決して完全な満足を得ることもないままに一生を終える。そうした「過程」そのものが人生なのである。

言い換えれば定点に留まることのない、人間らしいよき人生行路を模索しながら生きているということだ。思想や価値観の違い、社会のさまざまな矛盾のただ中にあって、障がい者や高齢者といった枠を超えてすべての人間が平和で、自立した精神を重んじながら旅するように暮らしたい。そういう思いを照らすことに本来の「福祉」の根源的意味がある。では福祉に携わる支援者として私たちがなし得ることは何であろうか。

〝自分たちの暮らしは自分で決める〟というセルフビルドの理念を思い起こす。自然を活かした自分の家を自分でつくる。木々をはじめその土地にある素材の声を聴き、それに従う。自然に耳を傾け、地に根ざした住まいを仲間と力を併せて建てる。

建築家はできるだけ図面通りに効率よく家を完成させることを重視する。しかし、セルフビルドであれば、問題に出くわせばすぐに工程を変更し、改善も容易である。自分の技術の制約を知りながら、決して他人の好みに従うことはなく、あくまで自分に従う。すべてのリスクは自分で取り、他人に迷惑をかけないという掟がそこにはある。

建てる行為はハプニングの連続性で成し遂げられ、良い意味で想像から外れた、不完全でありながら、暖かみのあるものに仕上がる。作る苦労を共有すれば、誰もが愛情を持ち粗暴に扱うことはない。ここでの建築は、まさに人生の比喩となっている。

## 形にならない行為に注目する――ゴールのない作品

土の工房では粘土を小さな丸めた団子にし、そこに穴を二つ開けてボタンを作るといった作業がある。ある利用者は穴を開けたり開けなかったりしてムラがあり、それでは製品にならないので、作ったものをバケツに入れてもらい、いっぱいに溜まったら粘土が固まって使い物にならなくなることもあり、職員が潰して、また粘土の塊にして材料として渡すことを何年もの間繰り返していた。

それを見ていて「何とかならないかな」と長らく思っていた。今だったらそれでいいと思えるけれど、当時は「できれば商品になるようなボタンを作って欲しい」という期待を持っていた。そうすれば彼の母親は「こんなことができるように成長したんだな」と喜ぶに違いない。

数年経ったある日、工房での彼を見ると、粒状に丸めた団子をバケツを見ることもなく指で弾いて正確に放り込んでいた。無造作に弾いているのに小さな団子は吸い込まれるようにバケツに入っていく。団子はバケツにどんどん溜まって行く。それを見たとき、「これはおもしろい！」と思っ

土の団子1（土の工房、假屋昇平）

土の団子2

た。

何万個にもなる土の団子を潰さず、美術館の床一面にひとつひとつ並べてみたらどうだろう。行為に費やした時間が集積された、ダイナミックかつ素晴らしい空間を想像した。この感覚は商品として売るための均一な形のボタンや食器を作ることとは違って、アートという世界に展開していくのだろうと思った。アートという概念ならば、作品を仕上げることに向かうだけではなく、行為やプロセスへの注目も視野に入れていいはずだ。

粘土という題材やそれを用いて作る環境を調整することによって、人は自ずと向かうべきところに向かっていく。「何を考えているのかわからない」といった、形にならない行為であっても、本人から自然に生まれたものは、こだわりや衝動的な心理の状況が強く反映し制作されている。そうした見方が身に付くようになると以前に増して興味を持って、彼らのことをもっと知りたくなってきた。

彼らは継続的な積み重ねや反復が得意で、物の形の捉え方や描き方、造形力が奇抜であり、独特な手法を持っている。そのような利用者には、創作物の方向性や方法、構成などについて直接的な助言はしてはならない。素材の提供や創作の環境を、できる限り本人の意図する方向に支援することが大切なことだと思う。

また作品を作るというよりも行為そのものが、欲求の充足のためのこだわりに向けた行動として重要な意味を持っている人もいる。そんな彼らの制作の現場に密着していると、強さ弱さとは関係なく行為のエネルギーというものを感じる時がある。それは作品のクオリティーだけではなく、制作過程における思いや時間にも宿っている。だから創作は形に残すことがすべてではないと思う。だからこそ、結果に至る過程も「ゴールのない作品」として、結果と同様に焦点を当てているのだ。作品の評価と切り離して、行為を見守りながら、ものづくりにおける制作行為の理解に努めることが、彼らの心理や行動の意味や目的を理解することにつながるのではないだろうか。

以前は作品の評価は結果に対するものであって、過程については論じられるべきでないと考えていた。しかし、作った人の感覚やこだわり、継続した時間の長さや彼らと私の価値観の違いを知るにつれて、作品の結果よりも制作の目的や過程のほうが大切なことかもしれないと考えるようになった。これは作品の価値や評価を軽視しているのではなく、アクション自体に芸術性が存在していることを意味している。障がい者の立場から言えば、形に残る作品だけでなく、その人らしいアクションそのものが生き方、表現として肯定され、他者から全人格が認められることによって、自立という環境を獲得することにもなる。無形のものづくりという発想がここにある。

## 目標は普通の暮らし

毎朝九時半になると、園内にしょうぶ学園園歌に続いてラジオ体操の曲が流れる。園庭に集まった利用者と職員はてんでバラバラに体操を行う。誰もしっかり体を伸ばしたり膝を曲げたりしない。座り込んで参加しない人もいれば、ただ話をしているだけの人もいる。

「腕を大きく前に伸ばして」と言ってもふざけ合ったような笑いさざめく声は絶えず、かと思えば不機嫌な顔つきも露わな人がおり、離れた物陰からこちらを見ている人もいる。

それぞれが思い思いの今朝の表情を浮かべている。

この風景を見た人は「なんてダラダラしているんだろう」「もっとちゃんと体操をさせるべきではないか？」と思うかもしれない。

しょうぶ学園にも「ちゃんとまじめ」に指導していた時代があった。その頃は「まっすぐに揃えて」と姿勢正しく、指先までピシッと伸ばすように言い、ちゃんとラジオ体操のできない人には、私も含めて職員が後ろから手を添えて指導していた。自分が入職した当時に比べると、施設は相当変わってきた。

ときおり古株の利用者は、「昔は厳しかったもんなあ」としみじみとした口調で言う。たとえば、整列させて前へならえをしての朝夕の点呼は欠かさず行っていた。安全性と規律を重視するあまり、利用者全員を集めて人員確認をしていた。

その頃は、夜になると決まって逃げ出す人がいた。私が中高生の頃、両親は毎週のように学園からいなくなった人を探しに出かけていた。内心、大変な仕事だなと思っていた。しょうぶ学園で働き始めて早々、そうした集団生活の規律やルールに違和感を抱いたが、学園に入ったばかりの自分にはすぐにそれを変える力はなかった。

それにノーマライゼーションという「普通の暮らし」を掲げる思想の影響を受けながらも、物事を教えれば上手になるという考え方は根底から覆されてはいなかった。だから、彼らに「私たちのような暮らしができるように」という思いで、時には厳しく指導していた。以前は「仲さんが指導するとみんながピシッとなる」と言われていた。本人の本当の意思や意向を考えずに今日より明日の上達を目指していた。まさにパターナリズムの典型だった。数年が経ち私も職場の中堅職員と言われるようになった。

利用者に対して根気よく、愛情を持って接することは原則だった。そして彼らが生活をきちんと送るためには、当然ながら職員の業務には非常に厳格さを求めた。実際、当時の私の部下職員への指導はとても厳しかった。寮の宿直ともなると、職員はなおさら緊張したようだ。振る舞いのひとつひとつをチェックしていたから、私とペアを組む人はさぞ憂鬱だったはずだ。昔からいる職員は「冗談のひとつも言えないどころか、話しかけるのも怖かった」と言う。

厳格な一方で違和感を覚える部分は変えようとした。最初に試みたのは、職員のジャージ着用をやめさせたことだ。ジャージはあくまでスポーツウエアであって、人に接して仕事をする服装ではないという私なりの理屈だった。体育大学ではみんなジャージを着ていたことにトラウマがあったのも関係してはいた。その提案は、あくまで「園長の息子の言うことだから」ということでどうにか受け入れられた。

ジャージの次に改めさせた慣例といえば食事だ。三〇年ほど前は、カレーが出てもスプーンは用意されず、みんな箸で食べていた。担当者に「どうして?」と聞いたら、「半数以上の人が箸で食べているし、スプーンを出せばふたつ洗うことになる。それは面倒だから」と返された。その考えに我慢ならず、口論になる程強く反発した。そんな物腰では憎まれても当然なのに、それもわかっていないからさらにグイグイ詰めよる始末で、知識はないが熱意と独特の正義感だけはある、ひどく面倒な存在だったと思う。

ただ「普通の暮らし」を考えていた。職員がスプーンを使うなら、彼らにもスプーンを用意すべきだという発想だ。「ノーマルにするためにはどうすればいいだろう。自分だったらこうするな」と考え、ひとつずつルールを変えて来た。みんなを集合させての点呼をやめ、職員が歩き回って数えることにした。

また学園内に流れるチャイムは、以前は学校と同じく「キーンコーンカーンコーン」という鐘の音が四〇秒くらい鳴っていた。毎日暮らしているところでそんなに長い音が流れるとうるさくてたまらない。それをやめにして、代わりにあまり耳障りではないメロディを一〇秒だけ流すことにした。八秒だとわかりづらい。一五秒だと長い。そういう細かいことを積み重ねていった。

どちらかというと、新しいことをするよりも、必要ではないルールを減らしていった。普通の暮らしから離れた、良くないと思うことを削除する。これは現状のやり方を変えるときに一番簡単な方法だった。

## 得られない理解への苛立ち

健常者のような生活ができる能力を養う。そうした療育的な考え方から現在のようなできるだけ利用者の行動を抑制しないスタイルになるまでに一気に変わったわけではない。職員が立て続けに一〇人やめてしまったことがある。

職員は全部で三〇人くらいしかいなかったから相当の危機だった。当時の私は利用者に対する接し方や考え、しょうぶ学園の確立すべきスタイルについて職員に理解を強引に求め過ぎた。こんこんと何時間でも、時に夜通しで話した。周りからは「人の性格は変わらないよ」と言われても、「いや、自分なら職員を変えられる」と思っていた。

結局のところ、そういう態度が職員の一斉退職につながったのだ。私としては学園をよりよくするための議論をしているつもりだった。けれども実際は違う考えを認めず、自分の考えの中に相手が入ってくることを求めていたに過ぎなかった。それは、知識も伴わないのに、独りよがりな思い込みで相手を否定することでしかなかったわけだ。そういうことにも気づかずにいたから、大切な場面で職員の賛同を得ることができなかった。孤独感を深めた。

ある利用者が措置入院といって強制的に精神病院に入院させざるを得ない事態に至った。その人は重度の自閉症で夜になると寮から抜け出しては、近くの家に上がり込んで放尿したりしていた。彼の担当者は私だった。

彼の行動はもう職員の手に負えないというレベルになってきた。園長だった父は措置入院を認める職員の意見に傾いていた。彼は入院することになった。

彼は学園に二度と帰ってはこなかった。強い憤りと無力感、孤立感がさらに増した。だからと言って、かつての職員が障がい者に対して無理解だったわけではない。「面倒を見るって言っても、一体どうすれば良いのか?」と悩んでいたのかもしれない。

そのような事態になった理由は、私自身が職員の人となりを尊重してはいなかったことに尽きるだろう。障がい者へは個性を尊重し、信頼関係を築きながらその人へ愛情を注ぐことを美学として広言しているのに、職員に対しては個性を認めようとしていない自分がいた。愛情を注ぐどころか、むしろ敵対心を何処かに持っていた。

すべての利用者をその人として認めることが大事なのだと言いながら、なぜ職員にも同じことができなかったのか。「その考えも〝アリ〟だね」。これが昔の私には言えなかった。職員の考えを変えることで頭がいっぱいだった。

「自分の考えが間違っているのかもしれない。いや間違っていない」と葛藤は続き、これ以上ここで働くことは難しいのではないかと考えるようになった。

私が入職してちょうど一〇年経っていた。木の工房を担当し、オリジナルの家具づくりに没頭しながら「工房しょうぶ」としてものづくりでは、ひとつの方向性を模索していた。いっそのこと、ここをやめて木工家として独立したいと強く思うようになった。そこで障がいを持つ人たちと一緒に暮らそうとも思っていた。順子に話すと、彼女もものづくりに関して強い執着があって「作り手」になることに賛成した。

一年か二年の間は悶々としながらも、独立するために土地を探しに出かけたり、家具のデザインをしたりする日々が続いた。この先への期待感はあるものの、しょうぶ学園の後継者についても心配であった。もちろん両親には相談できないでいたが、心は学園を辞める気持ちの方が優っていたのは事実だ。

そんな時だった。何の計らいか、冒頭に紹介した、木彫りの器を木くずにしてしまった一郎くんと布を塊にしてしまった郁代さんの行為を目の当たりにした。

彼らの創作のおおらかさ、潔さに感服した。家具で生計を立てるだとか、売れるもののためのデザインばかりを考えていた自分の人間の小ささを感じた。順子も同じだった。やっぱり、彼らのそばに居てものを作りたいと思い直すに至った。

## Doしょうぶの開設としょうぶ学園大改築で訪れた変化

一九九九年、鹿児島で最初にできた在宅知的障がい者デイサービスセンター「Doしょうぶ」の開設は新しい展開の始まりだった。

デイサービスセンターとは、日常生活を営む上で支障がある人に日中の入浴や食事を提供し、余暇活動や創作活動を行うことを目的とした施設だ。

利用者や家族の意向を十分取り入れ、対等な関係づくりを基本に、徹底的に利用する側の要望に応えようとする姿勢で臨んだ。しょうぶ学園と同じ敷地内にこれまでとは違った方針で運営される空間が生まれたわけだ。これが後に強い影響を学園全体に及ぼしていくことになった。

「Doしょうぶ」に充てられた職員はまだ経験も浅い若手ふたりと妻の順子の三人だった。最初の利用者は一五人。自閉症の人も多く、駆け出しの福祉の未経験者が入浴、食事づくりと食事介助、保護者との連絡の一切を行わなくてはならなかった。こだわりもそれぞれ独特で、彼らはよく言えば自由奔放であった。

毎日が目の回るような忙しさの中でありながら、従来の親がわりのような感じで介入、支援しようとするパターナリズムの手法とは違って、ジェントルティーチングの考えを基にとにかく優しくすべてを受け入れる姿勢で接することを心がけた。

悩みをたくさん抱えている親は多い。障がいを抱えて生まれてきた子供への愛情と葛藤が交差する人生観を持っている。家族との対話から学ぶことが多かっただけにこの期間に見聞きした経験は相当な財産になっている。

それにしても、デイサービスセンターを始めてみてわかったのは、寮で暮らす利用者は集団行動に慣れているから手がかからないということだった。比べてデイサービスセンターの利用者は、家で自由に暮らしているからチャイムを無視して行動するし、てんでバラバラに動く。それに対応するのが本来の仕事だとわかっていても職員は大変だった。

他の職員からは「指導力がないからそうなるんだ」という批判の声も聞こえてきたが、今の学園のあり方を変えるには現状の対極をやりぬかなければならないと思っていた。というのは、デイサービスセンターは利用する人に来てもらわないと仕事にならないからだ。そのためには本人が「行きたい」と感じられるような場にする必要があった。

それに親としても子供がずっと家にいると息抜きする場もないし、本人にとっても昼に外に出ることは、気分転換や情緒の安定にも必要なことだ。ましてや余暇活動や創作活動に参加することで思いがけない才能に出会うこともある。だから、とにかくここへ来てもらうことを第一に考えた。「ここでは寝てもいいし、好きなことをしてもいい」と伝えていた。

優しく、そして丁寧に接することを基本にしていたからか、最初はおとなしかったある利用者は、何をしても叱られないし、彼にとって楽しみの場所になった途端、職員へのいたずらを日課にするようになった。自由にフラフラと散歩したり、歌を歌ったり、職員室に入ってきて座り込んだりする人もいたから、はたからは甘やかして好きなようにさせているばかりで仕事もしないで遊んでいるように見えた。

やがて二、三年が経過し、利用者や家族との信頼関係もでき始めて、デイサービスセンターを利用する人が増えると支援の方向性に確信が持てるようになった。しょうぶ学園の職員もデイサービスセンターに関わり始めると、決して遊んでいたわけではなかったことはもちろんのこと、寮生活での利用者との接し方の違いを少しずつ理解するようになった。むしろ、しょうぶ学園全体にこれまでと違うやり方が必要なのではないか？　ということを肌で感じる体験になったのだ。このことがこれまでの基礎の上に立って変化していく方向性を定めていったと言えるだろう。「Do しょうぶ」を創った最初の三人の職員の努力と苦労があって、今のしょうぶ学園が成長できたのだと深く感謝している。

＊

次に大きな変化は二〇〇六年に訪れた。利用者が住んでいた寮を三三年ぶりに新しく作り変える大改築の時期であり、障害者自立支援法が施行された年でもあった。

まず改築についてデザインの中心を担ったのは、アメリカ・ウイスコンシン州出身で、一九九三年に屋久島に移住したウッドワーカーのウイリアム・ブラワー氏だった。新しいしょうぶ学園のトータルデザインは、「障がい者施設にありがちな感覚からの脱却」であり、ウイリアム氏による基本デザインコンセプトは以下のようなものだった。

「私にとって、しょうぶ学園はハッピーで、快適で、クリエイティブで、そして刺激的なコミュニティーです。新しい中核キャンパスをデザインするにあたって、私はこれらの性格にマッチさせようとしました。具体的には、いい自然光といい景観、利便性と使って面白いものであること、そしてハッピーな気持ちを誘う構造です。大切なことは、特に野外において、集いの場としてもプライベート空間としても、園生のニーズを理解することです。スタッフにとって便利なレイアウトを考えながら、私の主な関心は園生にとって特別に快適で、かつまた興味を持ってもらうことにありました。なぜなら、結局のところ、そこを運営するのは彼らだからです」

次に障害者自立支援法だが、これは障がい者も施設という閉じた空間で暮らすのではなく地域のグループホームで暮らし、さらには就労を通じて自立していくのが望ましいという考えに基づき、利用者がサービスや施設を選び、本人が主体的に生きられるような支援を受けるための法律である。

新たな法律が導入されるということで、なんとなく職員の気持ちがリセットされたのを機に、ソフト面の改革も同時に着手することにした。

人事管理制度を導入し、年功序列の給与体系をやめた。指標に基づいた仕事内容を等級ごとに決め、リードする立場になれば、それにふさわしい給与を設定するといった制度に改めた。いわゆる目標管理と人材育成といった通常の企業で導入されているような仕組みだが、福祉施設としては取り入れた時期は早い方だった。

施設建物というハードの運営管理をファシリティーマネジメントと言う。建物も古くなると備えていた機能を失っていく。また使う人や価値観が変われば使い勝手が悪くなる。良い建物を維持していくには、古くなれば修繕し、足りなければ増やし、多ければ減らしと手を入れる必要がある。大切なものだから愛着を持ち、慎重に手を入れながら長く付き合う。ただ作るのではなく状態を見ながら共に作り上げていく。

福祉サービスというソフトにおいても人事管理やサービス内容に常に手を入れなければ朽ちていく。働く人やシステムの「手入れ」によって、いい状態で仕事ができるようにしなくてはならない。

そのため新しくできたキャンパスとマッチする人と環境について意識した。職員には「個性ある服を着ておしゃれをしなさい。人に対して礼儀正しい服装をするなら、自分を美しく見せなさい」と奨励した。

障害者自立支援法によって制度が変わったことで、政府は補助金を充実させた。それを利用し、二〇〇七年に園内にレストラン「otafuku」を作った。また翌年にかつての寮を地域交流スペースに改築、さらに園内のギャラリーを改装して蕎麦屋「凡太」を開業した。

福祉の大変革は学園のキャンパスの改築時期と重なり、しょうぶ学園にさらに大きな変化をもたらした。法律の制定からわかる通り、厚労省は「利用者主体」を打ち出すようになっていた。

一方で制度の変更は施設の競争を促した。サービスの良い施設でなければ淘汰される。これからは運営ではなく経営だと、コンサルティングの発想が福祉に入ってくる時代になった。利用者を「さん付け」し、言葉遣いに気をつけた丁寧な接し方をしなければいけない。家族や友達のような関係はタブーだ。サービス提供者と利用者の関係として適切な関係を保たなくてはいけない。サービスを利用するお客様として契約を交わした上で支援や介護を行うからだ。そのためサービス業として福祉を行っていく上での指導を受けた。——それらを真に受けてやってはみたものの、やはり腑に落ちないところがあった。

長い付き合いのある入所者や通って来る人たちは、先述したように私のことを「伸ちゃん」と呼ぶ。そう呼ばれると、私のことを今も友達だと思ってくれているのかと思うと嬉しくなる。社会的地位など関係なく人間として見てくれているような気がするからだ。人の外見や背景に関係なく、ダイレクトに「人を見る」ことができる彼らの感性と判断力に感服している。その上で思うのは、彼らはそういうサービスなり接し方をどう考えているのだろう。問題なのは、これについて誰も尋ねていないということだ。

## 障がいと自由

「障がい者」という大きな括りで集団として扱うことへの疑問が常にあった。自由と権利について常に考えていた。そう思うようになった背景には、今にして思うと大学ラグビー部時代やアメリカでの生活が影響しているようだ。

大学のラグビー部では自分の意思よりもチームの考えが優先した。そうした集団生活からの逃避。先述したように、アメリカに自由を求めて行ったはいいが、言いたいことは伝えられない。本当に思っていることが伝わらない。自由の国にいながら自分の意思で物事を行えない。絶えず不自由さを感じていた。不安定で幼い精神性と強い行動力のアンバランスな自分の中では、自由と不自由の間で葛藤は絶えなかった。

あの時の拠り所のない気持ちがしょうぶ学園の利用者とリンクする気がした。障がいを持っていると「あれをしなさい」「それはいけない」と言われ続ける。彼らは一日のうち、自分の意思で動く時間がどれだけあるのだろうか。アメリカで私が伝えられない孤独感を体験したように、彼らもまた伝えられないもどかしさを抱えているのかもしれない。もし、そうであるならば時々自分の要望を理解してくれる人が現れたらきっと嬉しいはずだ。そういう存在に私たち職員がなるには、これまでの「彼らをノーマルに向かわせる」という考え方では無理なのは明らかだった。

ノーマルに生活してもらうために、私たちと同じ思考と同じ生活様式を一心に求めてきた。やがて「そもそもノーマルとは一体なんだ?」という発想に舞い戻って、そのうち自分の立っていた発想を徐々に掘り崩すようになっていった。

たとえば、ご飯とおかずを交互に食べず、必ず一品ずつ食べ終える人がいる。以前ならそういう食べ方をしていたら「ご飯とおかずを順序良く食べよう」と指導していた。それが普通だと思っていたからだ。その結果、食事の仕方が改まれば「よくできた」と誉めもしただろう。指導する側はそこにノーマルに近づいていく成長と向上を見るのだが、それはあくまでノーマルと思い込んでいるこちらの言い分でしかなくて、彼らは自分の好きなスタイルで食べられずにいた。

次第に繰り返しの指導が実り、彼は交互に食べるようになる。自分の生活スタイルより支援者に注意されずに褒められることが優先していたのかもしれない。そこに気づくと自分自身が悔しい気持ちになる。

大事なことは、彼らのもっている自己決定能力などの力を信じ、その可能性を引き出すことだ。どんなに重い障がいを持っていたとしても、援助の力によってその人なりの自己決定を行える可能性があることを信じる。障がいが重度であればあるほど、また自己決定能力とその条件が乏しければ乏しいほど、関わる職員の側の姿勢が問われてくる。だからこそ支援者は、利用者の自己決定を促すための環境や働きかけの工夫をそれぞれが独自に行わなければならない。

従来の取り組み方を変える上での基準は非常にシンプルなことで、彼らの「好きなことはやるが、やりたくないことはやらない」という姿勢に従うことだった。

政府や福祉施設は利用者を障がい者と位置付けている。ところが、「はじめに」にで紹介したように、しょうぶ学園の利用者に「君は障がい者なの?」と尋ねると「違うよ」と答える人がいる。

こちらは、彼らが生活をする上で不足や不自由があるのだと考えて、支援しようとする。しかしながら、そもそも本人は自分を障がい者だと思っていない。そうであれば、こちらが思っているような不足や不安を感じていないのかもしれない。そういうギャップについて支援する側は気づいていない上に「障がい者でもがんばっている」という評価をしたり、「障がい者の権利とは」という議論を始める。これは奇妙なことだ。

知的障がい者本人が自分の障がいを自覚していない場合、はたして彼らを障がい者と言うべきなのだろうか?「はじめに」で述べたように、彼らの多くは「自分は普通である」と思っているのに、私たちは健常者と比較して彼らが「できない」ことを「劣っていること」とし、私たちの思う正しい生き方、人生プランを基準にして、自分たちの枠のなかに彼らを招き入れようとする。そのように一方的に彼らを障がい者だと区別し、当人が本当に援助を必要としているか、本当に困っているのかを、内面から検証せずに手助けをする立場で接してきた。

社会福祉援助技術を学ぶ中で、支援者の心構えとして「相手への理解と共感」の重要性

中庭の風景

を知りはした。だが、それは最初から「障がい者である、障がい者ではない」といった認識の違いという大きなギャップを埋めることなく、彼らを観ることになっていたのではないだろうか。そういうことに気づき始めた。建物も人事制度も支援のプログラムも変わった。そして考えはどんどん揺らぎ始めた。

## 衝動的な行動を認めるとポジティブな関係が生まれる

しょうぶ学園で働き始めて数年経った、ある宿直の夜のことだ。

ある男性の利用者が寮の窓から出ていったことに気づいた。何事だろうと思っていると、女性寮の部屋にそっと忍び込んだ。学園で働き出して初めて直面した性の問題だった。

「子供ができたらどうすればいいだろう」とか「どの程度の気持ちで恋愛しているんだろうか」という思いがよぎり、しばらくして「施設でこういうことがあったら利用者の家族になんと言えば良いのか」「入所施設でこんなことが容認されてはならない」という考えに行き着いた。だから翌朝になって職員に「夜は部屋の窓から出ないようによく見回りをしてください」と注意を喚起した。

数日後、友人と会う機会があり、「実はこういうことがあって」と最近の話題として利用者同士のセックスについて話した。「大変だね」と言われるかと思っていたところ、彼は事も無げに「当たり前だろ！」と言い放った。

「だって大人同士でしょ？　好きでセックスするならいいじゃないか。好きでなくともセックスする人なんていくらでもいるんだから。よっぽど純粋なことなのじゃないかな」。福祉とは関係ない分野で働いている友人の「当たり前」の一言にハッとした。障がい者も健常者と同じような暮らしができるようにしなければいけない。それがノーマルなことなのだ。そう思える社会にしないといけない。そう思っていたはずだった。にもかかわらず、私は彼の振る舞いを「注意しないといけない」と疑いもせず捉えていたのだ。

思えば、ノーマルを目指しながら学園での暮らしは、世間一般からすれば普通ではないことが多々あった。風呂に入った後は普段着に着替え、寝る前になって初めて部屋で寝巻きを着る。寝巻きで寮内をうろうろしてはいけないという決まりがあったからだ。これが普通の家庭ならリラックスしたいから入浴後は寝間着に着替えるだろう。私だって家ではそうしている。それなのに、なぜか寮では特別な規律を守らないと安心した暮らしを送れないと考えていた。

ある自閉症の人は服やシーツ、下着、靴下、タオルとあらゆる生地を破いて糸を引き抜いてしまう癖があった。生活をする上で困ったことをやり続けている彼の行動を止めさせなければいけない。悩ましいのは、抑制したところで収まりはしないことだった。

布の工房に転がっていた布の塊と木の工房の木くずにしてしまう人のことを念頭に置くと、禁じる以外のやり方がないものかと悩んだ。とはいえ、工房のように縫いすぎたり、削りすぎたりすることを許容するようにはいかないのは、彼は日常生活に必要な服やものを壊してしまうからだ。

ここに矛盾を感じた。製品や成果物に向かわない非生産的な行為がものづくりの場では、少しずつではあったが認められるのに、どうして彼のような生活面の行動は同じように肯定されないのか。部屋中が糸だらけになるとかシーツが使い物にならなくなるとか、表面的な現象を取り上げれば、たしかに規律からはみ出た禁止されるべきことに見える。

でも、そう見えるのは、ひょっとしたら彼の「考えていること」「感じていること」に対する価値観の共有がまだまだ足りていないからではないかと、ふと考えた。

仮に糸を抜き出すことを破壊ではなく、その人から生まれる衝動的な積極行動として捉えてみる。こうすることで、自分の満足を得られるのなら彼にとってとても大切な行動様式のひとつだと考え直すことができる。というのも、彼は糸を抜いて結ぶという規則的なパターンを、時に寝る間を惜しんで行っていたからだ。だったら作業場で糸を抜き取る行為を積極的に進めたらどうだろう、と考えを改めた。破ってはいけないと何年も言われて来たことが、一夜にして思い切り破っていいことになった。

そこで見えて来たのは、私たちからしたら「破る」でしかなかった非社会的な行為は、彼にとっては大事な繊維を集める作業だったと言うことだ。作業時間に存分に糸を抜き出すようになると、下着やシーツといった身の回りのものをあまり破らなくなった。

こうして考えが転換していくと、彼はやりたいことをやれるし、私たちもやめさせることにエネルギーを注がなくてよくなる。非常にポジティブな関係になっていった。やがて布を小さく切り、そこに糸を縫い付け始め、膨大な数のそれらを作って床に並べるようになった。非社会的行動と言われていたことは、いつしかアートと呼ばれるようになった。

そういう価値観の変換をもたらす上で有効なのがやはりものづくりだったと思う。民藝の考え方が福祉と結びついたような気がした。材料と環境を整えさえすれば、その人の行為が率直に現れるからだ。糸を引き抜き結ぶ。これもものづくりだ。

そうして捉え方が変わると、宿直の夜の出来事への対応も自ずと変わった。

私は寮を抜け出してしか会えなかったふたりの親を説得した。数年後に二人は結婚することになり、園に隣接したグループホームで同居生活を始めることになった。

## 頭の中に入ろうと試みる

自分は決してできないのに「規則正しい生活をしなくてはならない」という考えを抜きがたく持っていた。では、その「規則」とやらはいったい何を基準としているのだろうか？と、かなり懐疑的に思うようにはなってきていても、自由な感覚で施設で暮らすということに壁を感じていた。ちょうど私が四〇歳を迎えるあたりのことだ。

規則を離れ、自由に対する肯定的価値観が自身に入り混じり始め、動揺するようになった背景には、やはり「これはおもしろい」と感じられる出来事が工房を始めとして、そこかしこで見られるようになっていたからだ。というよりも、それまでは同じ事象を見ながらも「おもしろい」と感じていなかったのだ。利用者の行動に対して「そういう視点があったのか。そういう価値観で行動していたんだ」ということがわかり、驚くに従ってこちら側の見方が変化してきた。

たとえば、布の工房では、刺繡を施した布を使って職員がバッグに仕上げている。刺繡をしている人は、この刺繡がバッグになることを知っていると思っていたが、あえて「何を作っているの?」と聞くと「刺繡だよ」と答える。バッグという製品になることには興味がないのか、刺繡が終わると彼女の作業は完結するのだ。彼女にとっては刺繡だけでその先がない。刺繡という行為だけが好きで、バッグが出来上がることを楽しみにしてはいなかったし、眼中にはなかった。私たちが求めていた先にあるゴールである「何かのため」に刺繡してはいなかったのだ。私と彼女の行為の目的には大きなギャップがあった。

また、新しく腕時計を買った人がいて、「いま何時?」と聞くと時計をぐっとこちらに近づけて見せようとする。そうされると時間はわかるから「ありがとう」で終わってもいいはずだ。でも、もしかして時計を読めないのでは? と思って、重ねて「何時?」と聞いたら「わからない」と答えた。じゃあ時計をなんでしているのだろう? と想像は膨らむ。そうして、彼にとっては人に見せるための時計だったのだと気づく。そのための時計だったのだが、普通はそんな理由で時計を買うことはない。自分で読めないのなら時計なんかいらないと思うか、もしくは時計が読めるように教える方向で考えただろう。そのどちらでもなく、彼の言葉の端々まで聞いて、行動の結果から想像力を働かせると、それまで見えなかった世界の広がりを感じた。そこにストレートな格好良さを覚えた。

「何ができるの?」と聞けば「刺繍だよ」と返ってくる。それに対して「いや違うんだよ。バッグを作っているんだよ。そしてバッグになったら完成して売れるんだよ」と本人の意図ではない、私たちの目的を理解してもらおうと説明や投げかけを彼らに行っても、非常に浅いやり取りにしかならない。だが、ほとんどの福祉関連の就労支援の方針はそういう応答をもとに作られている。こちら側には見えていない世界が向こうには広がっているのに、それが見えていない。

健常者の世界はかなり小さく狭いのだと思う。だから、私がかつて目指していたノーマルとは、限られた刷り込みの中で教育を受け、見える範囲で行動し、結論を出すことでしかなかった。

「なんでそんなことをするんだろう」とこちらからは意図が見えない世界に向けて問いかけるのは、必ず行動には意味があるからだ。言葉は、まして身体は正直であることを知らなければならない。とにかく行為を禁止する前に彼らの頭の中に入ろうと懸命に考えることが必要だ。試みたところで入れはしない。ただ少しずつでも想像はできるようになる。

以前、ある男性の利用者が大きい木の上に枯れた葉が一枚だけあるのを見つけ、それを取りたがってしゃにむに木に登ろうとした。落ちて怪我をしたらと思い、職員は制止するが、彼は振りほどいて葉を取ろうとする。それを見ていた私はハシゴを持ってきて枯れ葉を取った。すると彼は黙って立ち去った。一枚だけ違う色の葉があることに不穏さを覚えたから、そういう行動に出たのだろう。

彼らに懸命に寄り添って行こうとすると、少しは振る舞いが想像できるようになる。

## アートによって人が優しくなれる

生地を破ったりするような、日常では否定される支離滅裂さもフィールドをアートに移すと「いいね！」と言われる作品や行為になる。アートを持ち出した途端に変わる周りの反応は興味深い。それだけアートという概念はすごく有用で便利だ。言葉で説明できない行為は単なる不可解なこととして流されるが、アートとして示せば、納得や理解が得られるからだ。人間の考え方は状況次第でどうとでもなり、思考のフレームが変わると否定的な扱いが肯定へと反転していく。

一九九〇年代半ばあたりから、しょうぶ学園でもギャラリーで展示をしたり、芸術祭に

アトリエの壁になされたペイント（絵画造形の工房）

出品したりするようにはなっていた。しかし、利用者の行為や作品を的確に理解するに至っていなかった。「すばらしい」とか「無垢な力」「魂の表現」「創造の世界」といった、曖昧で表層的な表現をしていた。

それにその頃は利用者の作品や行為は、彼らの溢れる創造力から生まれると思っていた。だが、利用者の振る舞いをよくよく見ていると、それはあくまでこちらの思い込みだということがわかってきた。彼らの多くは特別な表現をしているのではなかった。平常心で日々を暮らしているだけでその表れのひとつが作品として存在するに過ぎない。つまり狙って作品を作ろうとしていない。しかも当人はアートと思ってもいない。別に褒められるために作品を作っているわけではないし、社会的な賞賛を求めていない。アートが何かも知らない。そもそも誰であれアートとは説明のできないものかもしれない。

完全に自分だけの世界にいる彼らにとって、評価されているかどうかは本当にどうでもいいことのようだ。それでも私は彼らの作ったものがアートとして世に出ることは、結果としていいことだと思っている。なぜなら作品によって彼らに対する敬意の眼差しと正しい理解が得られる機会が生まれるからだ。

また作品が評価されることの影響は、ケアする職員にとっても大きなものだった。布の塊を額装して個展を開いたり、ギャラリーでグループ展を開催してみると、今までは無意味としてしか受け取れなかったものや行為をだんだんと大事なものに感じ始める。こちらの価値観の幅を超えた、彼らの行為が物語る広い世界があるのだと知ると、彼らへの見方が確実に変わる。その変化の力学がケアに移れば、「問題行動」でしかなかったこともアートの影響から「そういう生き方もあるのではないか?」と思えてくる。そういうことに気づいた職員がひとりずつでも増えていくことで、そこに眼が行かなかった人に次第に影響を及ぼしていく。

「あの人の描く絵はすごい」「あの人の出す大声はいいね」といった見る眼が養われ、職員の側に新たな感性が芽生えると、自然と敬意が生まれてくるものだ。

その人に優しくなれると支援もその人に添ったものになっていく。優しくされた側も「この人は自分を認めているのかな」というような感じが次第に出てくる。自然といい関係になっていく。

それは一般社会も同じだろう。作品を見て、隠れた人間力や見えない世界の表現を通して勇気をもらったり、自分の創造性を掻き立てられる。そういうフィードバックがあることが自由で無限なアートの存在意義でもある。

アートは単体では存在しない。作品と見る人の感性の間にアートがある。つまり「間」にアートがあるのであって、作品そのものはアートではない。また作品に対して感じることは人間にしかできないが、作品だけあっても何も語らない。暗黙のコミュニケーションとでも言うのか、それを受け止める人がいてアートが存在しえるのだ。

「五〇歳を過ぎれば誰も相手にしない」

彼らのものづくりをアートとしてはっきりと捉え始めたのは一九九〇年代末からだ。当時、園長だった父は「収益にもならないのに何をしているんだ」と言っていたけれど、常に私の味方でいてくれた。いわば私の砦だった。父の口癖は「五〇点でいいんだ。それで満点に近いんだ」。あとは酔っ払うとテーブルの上に立って指揮者の真似事をしては、「おれの背番号は0だ」と決まって言っていた。プライドなんて必要ないという意味だった。それでいて問題だと思っている職員に対して率直に物が言えないところがあって、そういうところは経営者としては頼りないと思っていた。

その父が倒れた。自宅療養のため引退した。代わって私が四三歳で園長となり、責任を負う立場になった。その途端、世の中に対して恐怖心を抱くようになった。周りの視線が突き刺さるように感じられ、他人は自分の言動をどう思うんだろうと急に気になり始めた。いざ一切の責任を負うとなると、自分の考えが揺らいだ。「これでいいのだろうか」と世間への責任という重圧を強く感じた。

この年になるまで悩みは解決するものであっても、抱えるものだとは思ってもいなかったのだ。いかに呑気で強気にこれまで生きてきたかということだ。しかも簡単には自分の考えが職員には理解されないし、思うようにいかない。ため息を吐いては自分自身を腹立たしく感じる日々が続いた。理解されないから当然、職員と今のようにオープンに話していたわけでもないし、職員の方からも話しかけてくることは少なかった。

「人を変えるのではなく、人に寄り添っていく」ことの難しさを再度痛感した。経営と思想を一致させることなんて不可能だと思うようになり、自分の考えのほうがおかしいのではないかと思ったこともあった。そういう時に利用者の正直な作品を見るとホッと安心した。そんなにも毎日気持ちが揺れ動いていたのだから、それはそれで費やすエネルギー量はすごかったかもしれない。

物事はうまくいかないけれど、障がいを持つ人たちの多様性を大いに認める方向に舵を切ってきたことで改めてわかってきたことがあった。同じ人間として考えた場合、職員の多様性も肯定されてもいいのではないか？　という発想だった。自分と価値観の合わない職員の考えを変えるのではなく、「それもアリだね」と言えるはずではないか。自分がそちらに歩み寄って相手の考えを聞く姿勢が必要だと、ようやく気づき始めた。

そう思いはじめた矢先、ある男性の利用者が話しかけてきた。「仲さんとは同級生ですよね。ギター持ってますか?」。彼の話の特徴は支離滅裂なところにある。

「島津の殿様と西郷さんはどっちが偉いかな。フェンダーのギターかもしれんな。今日、バスの運転手が僕に冷たい顔をしたんです」

「なるほど。それでバスの運転手はどうだったの?」

「違いますよ、フェンダーです」

「ああ、そうだったね」

「同じ年でしたよね。僕は四〇代まではいろいろな人が私を相手にしてましたけど、五〇過ぎたら私のことなんか誰も相手にしませんよ。だからよっぽど楽なんですよ」

それを聞いたときにと「これだ!」とひらめいた。まったく脈絡のない話に聞こえるが、彼の「五〇過ぎたら人は相手にしない」という発言はガツンときた。「私は周りのことばかり気にしていたんだ。自分が思っているより人は私に注目していないんだから自分の考えを信じていけば良いのだ」と理解した。

私と違って、彼をはじめ利用者の多くは他者が気にならない。

つまり、余計な影響を受けないで自立している。比べて、私はわがまま勝手に生きてきたつもりだったが、本質的には他人を気にして影響を受け、また影響を与えようと自分の行動を制御してきた。それは他人にコントロールされることを受け入れることでもあった。コントロールするかされるかの関係性の中でしか生きてこなかった。だから私は自分の価値観の枠組みに職員を入れることばかりを考えていた。「それもアリだね」と言えなかったのだ。

自分と他人の価値観の違いを認められないのは、他人の存在が過度に気になっているからではないか。顔色を伺うから、相手が自分を認めない表情を浮かべることに不安を覚え恐れる。だが、「五〇過ぎたら相手にしませんよ」であれば、たいていのことは許される。「アリ」であれば、許容範囲が広がるのだ。

そう思えるようになってくると、人間とはどういう志向で生きているのか？　が問題で、しょうぶ学園のテーマは次第に障がいではなくなっていった。

# 第2章　できないことはしなくていい

## 雨の日のふたつの出来事

「花に水をやってくれないかな」と、ある男性の利用者に頼んだら毎日欠かさず水やりをしてくれるようになった。雨が降っている日、彼はいつものように水をやっていた。「あれ、今日も水やりしてくれてますね」。そう声をかけると、彼は「だって園長に頼まれたから」と返した。思わず「君は、本当にいいやつだ」と言ってしまった。もちろん今どきの福祉施設では「やつ」なんて言葉遣いはしてはいけないことになっている。

そうではあっても頼まれたからには毎日行うという、まるで疑いを挟まないピュアな行動に対しては、少しばかり乱暴な言い方でしか心から感じたことを表せない時があるものだ。

かといってぞんざいな口の利き方をすれば親密になれるわけでもない。ただ、思わず口を吐いて出た言葉を後押しした気持ちは消したくはない。

それにしても雨の日に水をやれば、普通は「おかしいよね」という話になる。でも、おかしくないどころか、むしろ正直すぎて美しくもある。誰にも不利益をもたらさないのであれば、本来なら彼らの行為のほとんどに肯定的になれるはずだ。水やりをしてくれた彼の行動を見て改めて思ったのは、私自身もそれなりに学んで来た「社会適応力支援」についてだった。その考えからすれば、雨が降ったら水をやらないといったように、その場の状況の変化に対応できるだけの能力を向上させることがいいのは間違いない。そうでなければ社会を生きていく上での能力の育成、要は社会性を身につけられないからだ。

私は外部の影響を受けての流行や世間体に違和感を覚えている。と同時に世間におもねらない自分というのは、わがままで甘えたがっている。そのことについても知っている。自分に正直にありながら社会性を持つのはむずかしい。嘘をつかないと社会でうまく生きていけない。そこに矛盾を感じて何か言っては後悔し、強い自己嫌悪に襲われる。

彼らはどうだろう。

しょうぶ学園には服を脱いで裸になりたがる人がいる。街中で裸になって歩いたら警察にたちまち捕まってしまう。だったら、その人にもマナーをわきまえてもらい、この社会のルールでは人前では裸になってはいけないことを学んでもらう必要がある。能力の発達や一般的に言う社会での自立を目指すなら、そう考えるのも当然だ。けれども、人はそれぞれ内面にはさまざまな思考を持って生きているのだ。

一般的でない思考を持っている人は、どうしても自分には合わない社会のルールに対して恐怖心さえ抱いて生きているのではないだろうか。極端な例えだが、仮にしょうぶ学園がアマゾンの奥地に住む部族のように、裸で過ごすことを普通にする社会ならば、彼の行いは何も問題ではなくなる。その共同体では裸でいることは、むしろとても人間らしいことになる。

学園内にもうひとつの社会を作れたとすればどうだろう。敷地内には守るべき信号もない。利用者の多くはパソコンを使えない。文字が読めない。お金とは何かがあまりわかっていない。現代を生きていく上で知って学んで身につけないといけないことが、ここではそんなにはいらない。だとすれば、がんばっていろいろ習得しなくていい環境を用意すれば、その人らしくいられる快適な場所になるだろう。

創作活動でいうならば、たまたま描いた落書きがおもしろいとか、無意識に捏ねた粘土が奇抜だったり、いろいろ試してみる中で本人の心身に馴染むものを見つけていくことである。要は美術的な視点で才能を見出すためではなく、その人の気持ちが落ち着けるかどうかが大事なのだ。

また、作業には関心を持っても、みんなといるのが苦手な人がいるので、そういう人には仕切られた空間を用意する。雑音を嫌って耳を塞ぐ人もいるが、いつも聞こえる雑音がないと困る人もいる。話し声や物音や周りから聞こえる音を遮断するためにラジオのザーッというノイズをイヤホンで聴く人もいる。本当に人それぞれだ。社会適応力という領域に入ると消さざるを得ない、その人のあり方をとりあえずここでは受け入れる。いいケアは社会を代弁する職員の意に叶うようなことを彼らにさせるのではなく、人それぞれの今の行為を尊重するということに尽きる。

それでは福祉施設に期待されている社会復帰、リハビリテーションの機能は果たせないではないか？　という声も聞こえてきそうだ。

けれども利用者たちに「君は障がい者だと思う？」と質問すれば、たいていは「違うよ」と答えたエピソードを思い返して欲しい。そもそも彼らはリハビリテーションの必要を感じていないのではないか。なのに、なぜ福祉施設は彼らに社会復帰を促すのだろう。ここに考えが戻る。彼らはどんなところで生活したいだろう。少なくとも厳しい社会に適応して暮らそうと思っている人は少ないのではないだろうかと思う時がある。

雨の日にまつわる、もうひとつ象徴的な出来事がある。

毎日決まって同じ道を通って作業場から寮に戻る人がいる。雨が降ると、その道を辿ると遠回りになるので服が濡れてしまう。普通なら濡れていてはかわいそうだ。本人にとってもっといい方法がある。近道を行くように教えたほうがいい。それが職員としての務めだし、優しさの表れだと考えるだろう。

それを常識とするならば、私の考えとは違う。彼はその道を通りたいのだ。雨に濡れてまでもそこを通ることが本人にとって必要なことだと考えているのではないかと思う。

そうであるならば、職員は彼の行動の変化を促すのではなく、同じ道を毎日行けるように手伝えば本人は嬉しいはずだ。雨に濡れることが問題なら傘をさして一緒に歩けばいい。それがその人に必要なケアなのではないか。少なくとも本人が望むこととこちらが支援しようとすることは一致していたほうがいいに決まっている。

変化や向上や発展にあまり興味がなく、新たなことに挑むよりも同じルーティンの継続に安心感や心地よさを感じる。それで心の落ち着きを得る。今が幸せならそれを守るという考え方だ。常に新しいことに挑むことを良しとしている私たちのように違う道を選ぶことは、本当に幸せに結びつくだろうか。

## 選べることと迷うこと

利用者と二か月に一度、外出して食事をする機会がある。「何が食べたい?」と聞くと決まって「ラーメン!」と即答する。しかもとんこつラーメンの一択で揺らがない。このエピソードを講演で話した際、「彼らがそう答えるのは、とんこつラーメンしか知らないからで、醤油ラーメンや他のものを食べる機会を提供すれば、ぐっと選択肢は増えるし、そうすれば自由の幅が広がるはずではないか」と尋ねられたことがある。

その質問に思うのは、彼らは一般的で概念的な複雑で広すぎる自由（選択肢）を求めていないのではないか、ということだ。仮にとんこつラーメン以外に選べるメニューが増えたとして、人によっては醤油ラーメンを選ぶことはあるだろう。食べ終えて「美味しかった」と言えば、支援者は「やっぱり選択肢や条件が増えてよかった」と思うかもしれない。でも、本当に他のものを食べてみたいという欲求があったのか？　そうでなければ、本人は選択肢が増えたことで混乱してしまって、本来食べたかったものを選べたかどうかはわからない。というのは、増えた選択肢の中でいつもと違うものを「間違って選ぶ」ことがあり得るからだ。

ラーメン店よりも品数の多いレストランに利用者と行くと、たいていはメニューをパッと指差す。そうすると「これが好きなんだ」と思い、つい「だったら、あの人はこういうのも好みなんじゃないか」と推測してしまう。でも、肝心の選んでいる本人の意思の所在は誰も確認していない。

ある時、彼が指差した後にメニューを裏返してもう一度見せた。今度は違うものを迷うことなく指差した。そこでわかったのは、数ある中で瞬時に決めたのは、それが好きだからではなく、けっこう適当だったということだ。だからと言って、その選び方はいい加減なのではない。適当に指したところで本人は不都合を感じていないというのを理解することが大事なのだ。

似たような話は他にもある。いつもジャイアンツの帽子をかぶっている人がいる。実は彼は「中日ドラゴンズが好き」と言っているのだが、それはあまり知られておらず、周囲は「余程のジャイアンツ好きだ」と思っている。そう誤解されていても、当人もそれに気づかないから何も問題はない。

ラーメンにせよ帽子にせよ、多くの選択肢の中から吟味して選んでいるわけではないし、あれこれ選択するという必要をどうも感じていないこともあるようだ。とすると、感じていない人にわざわざ「こういうのもあるよ」と示す必要はあるだろうか。

人間の習性として、決まったルーティンで安定を望む一方で、新奇性を求めるという側面がある。利用者の多くは安定を望む感覚が強い。言い換えれば変化に弱い。そういう人はルーティンにこだわるし、いつもやり慣れていることを破ることが難しい。

同じ選択をし続けることで得られる安心感がある。そこには失敗がないという本人の判断があるのだろう。同じラーメン店で決まったラーメンを食べるのは、それ以上のことをすると失敗するかもしれないという本能的な自己防衛心が働くのかもしれない。毎週末には学園では利用者のためのドリンクバーがオープンする。みんなは、酒やジュースやお菓子を楽しみにしている。ほとんどの人は、同じ場所に座り、毎回同じものを注文する。そして同じ会話をして満足したように帰っていく。

私たちは数えきれないほどの情報を知らないと自由な選択は行えないし、幸福につながらないと思っている。そこで、これでもかこれでもかと新しいことや新しいものを生み出していくのだが、彼らは、自分がすでに持ち合わせている情報だけを頼りに生きている。

木片に描かれたイラスト

メニューに迷わずサッと適当に指差すというプリミティブな感覚でいられる姿を見ると、人が生きていく上で必要なものはそれくらいでいいのではないかと思わされる。

死ぬにあたって「私は不足していなかった」と思える人生なら素晴らしいだろう。

多くの中から「選べる」社会で生きる私たちはいつまで

も飢餓感を持ち、「あれをしておけばよかった」「あの時こうしておけばよかった」と思いながら死んでいく。そう思うと彼らは過去を振り返らず、未来を憂えない。選択肢の多さに溺れない生き方に憧れてしまうのだ。

## 相手に寄せず引かず自分を保つ

将来を予測して行動しない特質がものづくりに反映されると、他者からの評価をまるで期待しないし、いつでも自分の能力を全開にした作品ができる。知的に障がいがあることによって人間の純粋なところが浮き彫りになって見えるのだろうか。美しい作品が生まれる場に立ち会って、私は彼らのようになりたいと心底憧れたことがある。

その憧憬の気持ちのまま「ピュアな行為が美しい」「普通ではないことはかっこいいのだ」といった趣旨をある利用者の親に話したことがある。社会性に焦点を合わせると見えてこない彼らの良さを強調したかったからだ。

すると、こう返された。

「園長はそう言うけれど、親の気持ちになってごらん。そういうことは障がい者の子供がいないから言えるんだよ」

今でも彼らの「狙わないがゆえの自然な振る舞い」を心からかっこいいと思ってはいる。けれども、そんな言葉では済まされない現実が親にはある。癒えない苦しみや悲しみと言った、壮絶な葛藤を抱えているかもしれない。我が子が「普通」でないことの悲しさは計り知れないものだろう。先回りして考えることはないからこそ生まれる作品があり、それが世間から評価されたとしても、おそらく子供よりも先に死ぬであろう親の立場からすれば、創作活動よりも将来の生活を案じることが最優先なのだ。

普通であること普通でないことについて考える。人間は、どういう状態であっても自分らしくあるしかない。そうであれば、どうして自分らしくなくなろうとするのだろう？生まれつき、あるいは偶然に起こる「普通でない」という出来事は運命であり、悲劇ではない。考えは才能と障がいの間で揺らぎ、複雑な気持ちになった。

先日も若い画家が見学に来て、工房であまりに簡単に絵を描いている利用者の姿に感動していた。と同時に「自分は何年もかけて技術を習得し感性を磨いてきたつもりだが、どうして彼は、よそ見をしながら筆が止まることなく、いとも簡単にためらいのない美しい線を描けるのか？」とショックを受けて考え込んでいた。

彼に限らず、見学に来たものの、なぜか涙目になって悩んで帰る人がいる。でも、私はこう思う。「悩む必要はない。あなたは考えて描く人だからそうすればいい。彼らは考えずに描く人。そうなりたいのはわかるけれど、そこは嘆かなくていい。自分はあくまで自分でしかないのだから」と。

人間というのは奥深く幅広いものだ。

普通ではない世界に触れたい、そこへ行きたいという憧れが自分の中にもある。しかし、私には邪念を取り払って無心で何か作るということはできないし、そういう脳になることもできない。アーティストとは「意志を持って作品に取り組んでいる人のことだ」という人もいるかもしれない。しかし、明確な意志が見当たらずとも芸術作品として惹き付けるものを世に送り出している人のこともアーティストと呼ぶのであれば、まさに彼らはそうだろう。人間の根源にうごめく無目的な衝動の表れや作品が徹底的な自分自身の内面表現にあるところなど、極めて特殊な能力のあるアーティストに違いない。だがしかし、多くは自らをアーティストだとは名乗らない。

私は周りや他者に気をめぐらし、邪念の中で何かを考えていく人間だと気付かされた。彼らに無理に近づこうとするよりも、自分に素直になって、できることを考えるほうがよっぽど楽だ。彼らのかたわらにいて肩を組めば自然といい形になれる。こちらに相手を寄せたり、自分があちらに行こうとしてみたりしたけど、結局はその人はその人でしかないのだから。

### できることからの発想——教えないということ

訓練や指導の発想からは、利用者の独特の行動におもしろさを見出す感性はなかなか生まれない。違いよりは、みんなが同じようにできることをよしとするからだ。しょうぶ学園も昔はそうだった。

できない人をできる人のレベルに結果として引き上げる。違いに注目するのではなく、いかに差を埋めるかを考えていた。

障害のある人を支援する立場にある福祉現場の私たちは、常に彼らの「できないこと」に焦点を当ててきた。「できないこと」を支援するのがケアの中心となるコンセプトだった。一般社会で生きていくことに困難な障害があるのであれば「できないこと」に対してケアを受けるのは確かだ。ケアが生きていくために重要なことは言うまでもないが、福祉という仕事の現場では、つい支援者は利用者の「弱み」に焦点を当て分析し、それを克服させることに注目する。言い換えれば、人の弱みを見る仕事という側面もある。しかしながら、表現力を重視した活動におけるサポート、支援を中心に展開するとなると福祉の意味は違ってくる。

つまり生活に支障のない「弱み」から、「できること」「得意なこと」「強み」(ストレングス)にできるだけ焦点を当てる。周囲への影響や社会性、自立性を無視して「できること」を拾いだしていく。一般的にマイナスのイメージを抱く行為や行動であってもよく見ていくと、そこにはその人らしさが素材として存在している。叩く、破る、叫ぶ、ずれる、遅い等、彼らの創作に向かう才能を活かすには、支援者の常識を取り払った創造性や感性への理解が必要なのである。できることはそこに隠れている。

ものを見る角度を変えるだけで色が違って見えてくるのであれば、その角度を変えるようにしてもらうのが私の仕事だ。健常者は「違った角度から見てください」と言われれば詳しく見ようとするなど、意識さえすれば言葉や説明によってものの見方を変えることができるという特質を持っている。普段から見落としているものがきっとあるはずなので、「発見してピックアップするのがあなたの仕事です」と伝えれば、支援者は利用者のいつもの作業の際の手元の動きやパンフレットを入れる袋にスタンプを押すといった、変哲もない作業にも少しずつ注目しようとする。刷り込まれた常識というフレームを広げて人の価値観を見られるようになる。

かといって、業務の多忙さからいつもひとつひとつに気をとめることができないのも確かだ。時に俯瞰で見たりするといった緩急の変化があることで、ハッとする体験が起きるのかもしれない。

## 私が私を愛する——I LOVE ME.

利用者の作り出すもののおもしろさを再発見しつつある中、ものに現れない行為や出来事に注目している職員もいる。彼女はデイサービスを利用するみんなが好きで、ぜひ作品展をやりたいと言ってきた。その背景には利用者の親の思いに触れてきた経緯があった。「ここに来たらアーティストになれるのよね」と期待の大きさがうかがわれる言葉を聞くうちに、我が子の変化を願う気持ちを感じたようだ。

しょうぶ学園は、ものづくりに特化しているから一般的には創作活動のみが注目される。「ものは作っていないけれど、デイサービスの人たちだって活動している。ここの人たちのことをもっと知ってもらいたい」。そう思っての作品展の提案だった。

デイサービスの利用者は、たとえば虫や花といった素朴な絵をクレヨンで描いたり、何もしないで寝転がったり、ストローをくわえたり、ボールをくるくると回したりして過ごしている人もいる。作品展を開きたいという彼女の申し出に対し、私は「作品展をしたいのか。それとも彼らのことにもっと注目して欲しいのか。作品展なら作品としての評価が必要だ。作品としてセレクトしなければならない」と答えた。

なぜなら作品として展示するには、デイサービスの利用者によるそれらは、おもしろさや芸術性に欠けていると思ったからだ。私の基準からすれば、作品展として対外的に見てもらうレベルではなかった。

そういう説明に対し、彼女は「でも、みんな一所懸命やっているじゃないですか」と引き下がらない。工房の利用者に比べて置いてけぼりにされているように感じるのだという。そう言いたい気持ちはわかる。

彼女は以前、造形の工房に配属されていた。作品ができあがれば、彼らの作るものに対して「すごいね」とみんな驚いたり、評価する。それはとても嬉しい反面、作品を生み出さない活動では形がないから評価されにくい。デイサービスの利用者も形を作り出しはしないけれど何かおもしろさがあるし、どの人も興味深い。だから彼女は利用者の人となり、その人自身をもっと知ってほしいと思うようになった。

私はそういう人たちにもっと光を当てたいという強い思いを受け取り、彼らが一番大事にしているものをまず出してもらった。それらを集めて見て考えた結果、ものを作らない人たちの展覧会を思いついた。その人が普段使っている上履きや好きなタンバリン、毎日着ているシャツ、その人の手を象っただけのもの。落書き。大事にしている人形や常に持

Love me 展（2015 年開催）

ち歩いているマガジン。いつも手にして安心を得ているストロー。作品ではなく、あえて自分の愛しいものたちを展示してみることにした。メッセージとしては「私は私を愛しています」。そこでラブミー展と名付けた。

私たちの期待に反して、出展した利用者は、ラブミー展の展示に特段の反応を示しているようにはまったく見受けられなかった。というのは、彼らの普通の日常が飾ってあるので、それを見ても、当人はごく当たり前のことでしかない。むしろ、なんでここに置いてあるの？　という感じで、取り返そうとする人もいた。ただ、家族の反応はとても大きく、喜んでもらえたようだ。

作品として形にできないが特定のものに

こだわる。そこに「心」が現れているにしても、「それっていいよね」と本人に確認はできない。もしも、共感がありえるとしたら眼差しくらいではないかと思う。それは長く付き合いのある中でしか感じられないものかもしれない。

そういう意味で、ラブミー展をやってよかったのは、作品展以外の見せ方を考えることで、利用者と私たちとの互いの関係性について改めて考えられたことだ。

彼らは私たちと違ってブレない、他者の影響や評価を受けたがらない。自分は自分でしかないから、初めから自分を愛しているようだ。私は自分のことを好きかと聞かれたら何と答えるだろう？　彼らの姿を見ることで、自分が自分を好きでいることの大切さを学んだような気がした。きっと、失ってはならないことは、何が正しくて正しくないかを決めることより、無防備で壊れそうでかけがえのない心を持っている自分を自身が愛することだろう。

## もうひとつの自立

障がい者も社会を担う一員なのだから働くことが望ましい。健常者と同じく、給料を得る生活をすれば地域社会に貢献できるし、自立もできるはずだ。今の日本ではそういう考えのもと就労支援が行われている。就業率が上がれば自立は促され、雇用主は評価されと政策はいい方向に進んでいると思うかもしれない。そこで気になるのは、誰も「本人はそれで幸福になったのか？」を話さないことだ。

就労している人たちは、働いた見返りとして本人が納得するものが得られているだろうか。きつい労働になっている場合も多いはずなのは、健常者の労働環境を見てもわかるだろう。もちろん働きたい人もいる。その一方で働く気のない人もいるし、働くことが何か理解していない人もいる。そこが不明確なまま働かせるのは人権の観点から見ても相当乱暴なことだ。

しょうぶ学園でも利用者が工房に出れば、それを「働いている」という。かといって、本人に「働いている」という認識が私たちと同じくあるかというと、そこには大きなずれがあると思う。

布の工房で刺繡をしている人に「何を作っているの？」と聞くと「ネコを作っている」と答える。木の工房で「何をしているの？」と聞くと「木を彫っている」と返す。ほとんどの人が「働いている」とは言わない。

作業場に出れば「働いている」と考え、そのつもりで話を進めて「じゃあ就労も検討しましょうか」となりがちだが、利用者によってはまったく捉え方が違っている。そこを一括りにして「就労」という言葉につなげてしまう。それでは見えてこない実態がある。

作業の時間が過ぎても糸を絡ませて創作することをやめず、部屋に帰っても続けている。こだわりたくて行っている。彼の行為は果たして労働なのだろうか。そんなはずはない。そういうこだわりのある人たちを労働に向けていくとすれば、できることもある。たとえばペットボトルを一〇〇個潰せば五円の報酬になる仕事を行うと、本人の意思とは関係なく、それは労働とみなされる。支援する側は「働けてよかった。がんばったね」と評価する。それは本人ではなく、国の基準に従っている施設側の「就業率を上げたい」という希望の実現ではないだろうか。

「働きますか?」と言ってイエスと答えた場合、それは労働としてのことなのか創作活動の意味なのか。おそらく両者の間くらいに捉えている人もたくさんいるだろう。本人にそこまでの自覚を求めても確認できない場合もあるから曖昧でもいいのだろう。ただし支援する側は「労働か創作なのかは曖昧なところだ」とわかっておく必要はある。そうでなければ、「イエスといった限りは労働なのだからきちんとしてもらわなければ」といった思考に陥った途端、指導を行ってしまいかねないからだ。また労働ではなくて創作活動だからと言って、作業場で何もせず寝ていても働きかけなくていいという話でもない。

彼らも自分の行いの位置付けはわからないことが多いようだ。作業場に行くのは労働のためなのか。それとも遊びたいからか。休みに行っているのか。職員に「行ってください」と言われたからなのか。いろんな理由があるのは確かだ。だから就労支援という言葉を一律にあてはめられない、千差万別の事情がある。そうであるならば、就労を支援する前に「働くとは何か」という問いにもう一回戻ってみる必要があるのではないだろうか。

労働とは「からだを使って働くこと。特に賃金や報酬を得るために働くこと。また、一般に働くこと。人間が道具や機械などの手段を利用して労働の対象となる天然資源や原材料に働きかけ、生活に必要な財貨を生みだす活動」（大辞林、第三版）とある。

知的障がいが比較的軽い人たちは、私たちと同じような就労意欲や価値観を持ち合わせている人も当然多い。活動を仕事（労働）として捉えている。第三者に求められた目標に向かって成果を出し、対価を得る。そのことが自分の力で生きているという自信になるし、人から期待されることが希望にもなる。やはり労働については、障がい者本人の価値観、仕事観、能力等をしっかりと理解するところから慎重に始めなければならない。就労移行率だけが目標になっては、本人主体の福祉から離れていくのではないかという大きな懸念がある。

また先述したようにアートを就労、自立に繋げる考え方があちらこちらで論じられているが、一体誰が作品を就労や自立に繋ぎたがっているのか？　彼らのアートは本人の内面から生まれた、日常の普通の行為そのもの、純粋なものであるから、そこには「働く」という意識はないだろう。

実際、働いて報酬に繋げることと無縁な人が利用者には多い。支援者は彼らの主体性を尊重して、自己実現を支援する立場であるから、より彼らの考え方を知らなければならないだろう。

本来アートと就労は無関係であって、支援者が彼らの行為に介入し、デザインに落とし込むことが社会的価値をつくり、その対価として得られた報酬を作者に還元している。作者本人には労働や報酬という概念は希薄で、無目的な行為による自己表現に留まっており、それに何の不満も感じていないことが多い。アートに値段がつき、得られた収入が生きていくための役に立つことはあるけれども、アートと報酬はあくまで二次的な関係であり、純粋な行為とそれによって得られる満足とは別だと捉える方が正しい。支援者の価値観によって位置付けられるアートであってはならない。

就労につながることよりも、自分を認められることの方が彼らにとって重要なのは言うまでもないが、作品を商品化するためには、そのツールとして支援者のデザイン力と創造力が必要なのだ。

純粋な表現から生まれる、いわゆるアートレスなアートを素材として、そこに商品という付加価値を創り出して販売する。時にその流れを「就労支援」と呼んだりしている。支援者側から考える就労に彼らの行為を位置づけただけに過ぎないにしても、好きなことが働くことにつながり、生きる意欲を養成することができるという支援の考え方を熟慮しなければならない。

支援者という介入者によって社会的価値を生み、作者と共生しようとする試みは社会福祉において非常に重要な意味がある。そうであれば、なおのこと彼らの考えが他者や社会に正しく伝えられることが、単に就労することよりもはるかに重要だと知っておかなければならないと思う。

## 僕は僕でしかないのに何を変われと言うんだろう

ここ数年、「障がい者施設をどうすればアート化できるんですか?」という質問を受ける機会が増えている。時折「しょうぶ学園で行っていることを指導してもらえませんか」と依頼される。しかしながら今までやってきたことは、あくまでしょうぶ学園の体験であり、ここでしか生まれないことだから人や場所が変われば同じことはできない。常に人と共に変化していくから「このスタイルがベストだ」と思ってはいない。だから私が助言するよりも、それぞれが独自の取り組みで利用者や職員にとって自由で快適な空間を創っていくことになるのがいちばんいいと思う。

アートにまつわる要望の背景には、障がいのある人に「生き生きとしてほしい」とか「アートの商品化で成功したら就労につながる」という考えがあるのだろう。いずれにしてもアートを活用すれば、精神的にも経済的にも自立につながるという期待がありそうだ。

そのような時流があるからこそ、自立の取り扱いには十分に注意したほうがいいのは間違いない。とかく障がい者の自立に関して議論されても、「彼らはもともと自立している」ことが見落とされている。彼らの中には自分はこれでいいと最初から思っている人が多いからだ。

むしろ、自立できていないのは「自分はまともだ」と思っている私たちの方だ。自分に何かしら不満を持っていて自信がない。その中身はと言えば、過剰な情報によってすぐに他人から影響を受け、感化されてしまい、たやすくぶれる。

働くとは何か。

私たちはそれと自立とを簡単に結びつけてしまう。けれども、それぞれについてとことん考えてはいないだろう。気をつけて欲しいのは、アートと自立をただちに結びつける前に、それぞれの意味するところやそこにかける期待の中身をわかっておかないといけない。

そうでなければ自立とは真逆のことが起きてしまう。私の三〇数年間の経験を懺悔の気持ちから振り返れば、能力の発達を促すことがかえって彼らから自立する手段を奪ってきた。ぐちゃぐちゃに縫えるという自立した手段を持っているにもかかわらず、「まっすぐでなければいけない」というまともな社会性の枠の中で捉えてきた。それでは、いつまで経っても利用者を「自立できない人」として位置付けてしまうことにしかならない。

知的障がい者の特徴として「意志薄弱」がよくあげられる。先のことを予測できない。言ったことをすぐに翻す。健常者は予測を立てて、言ったことを行う。だがその反面、計画や人の言動に縛られてしまいすぐに不安になる。だから場面や状況によってたちまち態度を変える。

彼らは、どこに行っても自分の態度をほとんど変えないし、変えられない。変えたくないものを頑固に変えない姿は、私たちの「意志薄弱」に比べ、ある意味で自立している。「僕は僕でしかないのに何を変われと言うんだろう」と自分自身を堂々とはっきり相手に伝えているように見える。

世間で強調される経済的な自立もあくまでひとつの側面でしかない。根本的な話をすれば、自立とは自分のしたいことの実現のために向かっている。あるいは向かっている環境がある状態ではないだろうか。

人が何かに向かっているとは、とにかく動いていることであり、生きていることだ。たとえ、それが社会的に認め難いことであっても「向かっている」という事実から見ていけば、言葉では確認できなくとも本能によって必ずそこには自分の意思決定がなされている。それが自立だと思う。職員はその自立に向かっている彼らの姿を見つけ、支えることが仕事だ。

「その人がどこへ向かおうとしているか」は「できない」という弱みを確認し、どういう支援が必要なのかを考えるだけでは見えてこない。

経済的あるいは生活を送る上での自立に関わる直接的な支援だけではなく、一般的な価値基準や社会性とは離れたところに、彼らの自己実現の独自の考えや価値観がある。そのことを理解しながら、何を求めているのかを見極めて、彼らの考えを達成しやすい環境や手段を用意し寄り添うことが重要だ。彼らに従ってみることによってより大切なことが見えてくるのではないだろうか。環境さえ整えば、障がいの有無にかかわらず人は必ず自己実現に向かう。知的障がいのある人たちがその道を拓けるように力を注ぐべきだろう。

自立の柱は人を変えようとするところではなく、「自分は自分のままである」ということ、そこに作られるべきだ。そのためには、自立を考える前に「幸福とは何か」を私たちが考え続ける必要がある。そのキーワードは「変わらないこと」だ。つまり、人を変えるのではなく、その人がより自分らしさに近づいていくこと。それを手伝うのが自立支援である。生きているうちに自分のしたいことをやり遂げるというのは、人間の永遠の課題であっても、物事はそう都合よくはいかない。だから、誰しもが人生の中途で終わるであろうなにがしかの実現に向かっている。つまり目的を完遂して初めて自立が訪れるのではなく、実現に向けた手段があることが自立と言えるだろう。はたして彼らは何を実現しようと思っているのだろうか？

## 最適の環境とは？

行動しようとすると問題が現れる。達成すべき目的と自分の能力や環境とのギャップが広がるほど、問題は大きく感じる。自分の置かれた環境が仮に最上でなかったとしても、最適の環境があるとしたらそれはなんだろうか。

横浜国立大学名誉教授の宮脇昭氏の考察を踏まえると、こう考えられる。

植物にはそれぞれ特性があり、したがって最も良く育つ条件がある。けれども実際には少し悪い条件におかれた植物の方が勢いよく成長しているという。植物は少し悪い環境に置かれた方が、最上の状況より栄養を吸収する力を発揮する。つまり最上の環境は最適の環境ではないようなのだ。

目的を達成するための方法はひとつではない。それをより実現可能なものにするか。自分の能力や環境条件を高める努力をするか。第三者の力を借りるか。人はケースバイケースでそのバランスを常に判断して行動しているはずだ。

私たちは普段は大きな失敗や成功もなく平穏無事に過ごしているが、時には大きな障がいを越えなければならないこともある。そこで失敗して悔しい思いをしたり、成功して喜んだりして人生にメリハリがつく。問題を解決していこうとする取り組みそのものが人生と言うこともできるだろう。

しかし、立ちはだかる障壁が自分ひとりでは乗り越えられないほど高い場合、支えが必要になる。ひとりでは解決できない問題が生じた時、自立が問われる。というのは、人といかに関わり繋がれるのか。そうしたコミュニケーション能力は、自立の必要条件のひとつでもあるからだ。いざという時、人の力は大いにあてにできる。自立とは、決して自分自身の力のみで物事を律することではないからだ。

彼らはすでに自立している。

こうした発想は自立を支援する法律とはそぐわないところがあるだろう。法律は決まり

アトリエの床もペイントで彩られる（絵画造形の工房、濱田幹雄）

ではある。決まりである限り、「その通りにしなさい」ということではある。しかし、決まりがいつも正しいわけではない。実際、法律は変わるものだ。決まりを受け入れつつ、そこで暮らす人の生活様式に合わせて、ここは決まりの薄い場所にしたい。弱いところ、できないところを強化しない暮らしの方が利用者にとって生きやすい環境になるからだ。

人の暮らしには、「能動的に自分で人との関わりをつくる」と「受動的な安心したケアのある暮らし」という、二つの条件が基本的に確保されることが重要になる。この二つの条件は本当に入所施設では実現できないことなのだろうか。入所施設は閉鎖的であるというイメージが植え付けられている。しかし、だからこそ「社会で起きている問題や悪影響を及ぼす環境が侵入しにくいし、平和で安心できる空間を創りやすい場所になり得る」という見方はできないだろうか。

それまで共有されていなかった彼ら独特の知覚情報や行動パターンを、社会側のフレームを拡大することで許容し組み込む。既存の社会システムには存在しない特殊な環境を作るという発想の転換によって、施設で暮らしていても、いや福祉施設だからこそ「能動的に自分で人との関わり」を作りつつ、「受動的な安心したケア」を受けながら暮らす。他者や社会に合わせることなく、ちょっと変わっていても安心して暮らしやすい環境をつくることは可能なはずだ。

そのためには何かを教えて利用者を社会に合わせていくのではなく、彼らの行いを支援者が社会化していく。社会の考えを変えていく。そうすれば彼らの能力や技術習得に向けた努力ばかりに注目しなくても良くなるはずだ。

### 狙わないから外れない

遊びにも見えるような彼らの活動を見ていて気づいたのは、「働く」という言葉は、定型のものづくりに向かう労働ではなく「手の働き」というような意味合いで使ったほうがいいのではないか？　ということだ。

彼らの活動がものづくりというよりは、時に手遊びに見えるというのは、その行為に偽りがないからだ。そのため方向性が本人のあり方と合っていれば良いものが生まれやすい。反対に知識や概念に頼ると手の動きは衰え、頭で計算した解釈が潜入してしまう。

先述した池田三四郎氏は、前述の著書『美しさについて』の中にこう書いている。

「子供達は理解するというより、印象をよくつかむのは、その印象が新鮮であるからで、知恵がつく程、印象のつかみ方が鈍感になるのは、理解しようとする要望が多くなるからである。子供達の豊かな人間形成にとって、如何にも現代教育は智的偏重に陥っているか、此処に示唆する一つの方向がある。個性を尊重するという事はよく言われるが、反面、自由放縦となり易い。個性は磨かれてこそ尊重さるべきもので、それを怠たる徒らな個性尊重教育は個性ではなく、野生尊重になり易いことを考えなければなるまい。（中略）印象としていゝものは、何時見ても新鮮で、そういうもの程、喜びを感じれば感じる程、飽きがこないし、飽きないもので、美しいものと考えられるし、本物と言えるのである。最終的な意味からすると、単純で地味なもの程、美しいものであればある程、飽きがこない」

知恵の発達が美しさの表現の邪魔をするとすれば、しょうぶ学園ではそれとは対極的な彼らのアート活動の貴重性について考えている。何ができるかわからない。木や糸や針を手ずから用いて作っていているうちに、結果的に形になってしまう。偶発的にも見える、数多くの何かが誕生する瞬間に立ち会うことで、私は人間にとっての自然な行為について学んでいる気がする。

つまり、人間に必要なのは「食べること・寝ること・行為すること」で、これらによって自分の満足を得て、安心し、快適さを得ている。これらはどれも本能の働きによるものだ。

一方の私たちはテクノロジーに頼ることで本能の力が弱くなっている。自ら何か行う前にインプットされる情報があまりに多く、自分で試し、作り出し、判断することなく生きてしまえるからだ。そういう意味では健常者は行為する手段を情報によって奪われ、本当の自分自身の自立を目指す状態が訪れにくいという見方もできる。新しいことに挑んでスリルを味わうのは健常者の特徴で、飽きることも同様だ。そしてまたさらに欲が出てくる。私たちはクリエイティブでありたがるし、それが特別な行為であり新たな挑戦だと思っている。

一方の彼らは目に見えるものや手近なところからしか情報が入ってこない。変化は少ないから毎日同じ暮らしを繰り返している。快適であれば同じことをずっと繰り返しているので、新しいことに挑戦する傾向は低い。

だから彼らは新しい欲に振り回されない。自分ができる範囲から飛び出すことがあまりない。

何か作り始める時は、「気に入ったからする」「好きだから行う」とか、どちらかといえば日常の習慣的な行為と地続きだ。彼らは知的な発達が遅れていると言われるが、本能はしっかりと守られているようだ。

木の工房で人の顔を彫り続けている人がいる。私たちは気が散って集中できないから、作っているところを見られたくない。他人の視線が邪魔になる。ところが彼は全然そんなそぶりを見せないし、堂々としたものだ。他者の存在が気になるどころかそれを制作の味方にしているのだ。

動じない。そうした態度を見ていると、どうやら彼らにとって「うまくいかないこと」に向かわないだけなのだ。「こうしなければならない」や「どうしたらうまくやれるだろうか」といった狙いをもとに行動しない。狙わないから外れることがない。だが訓練や指導では、「うまく作る」という狙いが入ってしまう。それができない人たちなのだ。目的がないままの状態に居続けられるということは、実は本人にとって物事がうまくいっているということなのだろう。自信をもって生きていける源になるのは、「やりたいからやる」という、そういう本能に基づくところだと思う。

私たちのように共感を求めて他者との関係を作ろうとしないから、干渉によって生じる争いがあまり起きない。最初から「やりたいからやる」「自分は自分」といった具合に他人と分けている。自分のやろうとしていることと他人がぶつかると「邪魔だ」というような排除は起きる。でも別の道を歩いている限りは、相手に関心を持たない傾向がある。

わざわざ異なる価値観の人と関係を作ろうとしない。我関せずであるからこそ、何かを作ったり、行為している時にその人らしさが存分に出てくる。同時にそれは非社会的な問題行動としても現れる。それが本人にとって、あるいは他に著しく不利益を及ぼすのであれば介入しなければならない。それが私たち支援者の仕事でもある。しかし、多少の不利益があったとしてもそこばかりに集中して正そうとするのではなく、できればその人の求めることを失わずに、その人らしく生きていけることを優先すべきではないだろうか？

何を好み、何を快適と感じるか。それは本能の働きが色濃いところだ。「好きなことだけでは生きていけない」と人は言う。そうかもしれない。ただ、好きなことをしないと、人間らしい暮らしはできないのも確かだろう。自分は何をしたいのか。本気で考えたことがあるだろうか？

## 理性より直感に頼ること——知行合一

一般的に、左脳は言語や論理、計算等を、右脳は五感を通じた感覚、感性、感情を司ると言われている。医学的な根拠はないが、人は成長するに従って左脳が常識や既成概念で覆われていき、右脳的な感覚が抑え込まれていくのではないかと思うことがある。そして知的障がい者の多くは、左脳が社会的な常識等で埋められる割合が少なく、そのために、右脳の力があるがまま存分に発揮されているのではないかとも思ったりする。

芸術の根本となる要素のひとつは自由であることだ。

そう考えると「左脳的」な理屈や教養を取り払うことが、芸術へ向かうひとつの方向と言える。感情を抑え情報を集め、冷静で理性的な判断によって意識的に行動することが社会では良いとされるが、理性より「右脳的」な直感や感情が頼りになることもある。理由や根拠はほとんどないのに、ピーンときたインスピレーションに従ってみると、その選択肢が実は正しかったということは意外に多い。買い物でも散々悩んだあげく、最初にいいと思ったものを結局は買うに至った経験が誰しもあるだろう。

ただ勝手に筆が走るとか、気の向くままにとか、気づかないうちにとか夢中になって周りの状況も気にせず感情を表に出してしまうことなど、発想がそのまま行動に自動的に移り、発想と行動の間に理屈や教養が入らないときこそ、「無垢」という才能、エネルギーが生まれやすい。

利用者の多くは実に一途だ。一方で私たちが時に、自分の現状に嫌悪感を持つのは、今の自分自身を認めたくないからだ。今の自分を他と比較することによって自分の状況や地位や評価を確認し、新たな目標をつくっていく。岡本太郎曰く、「目的を持たないことがぼくの目的だった。つまりね、限定された目的なんか持ちたくない。いつも目的を超えて平気でいる。そこから自分がひらけていく。目的なんかない闘いだったが、それだけが僕が生を貫いていく筋だった」。

そう考えると、改めて彼らは私たちよりある意味において自立しているとも思う。他から影響を受けにくい強さを持つ人だから個性的で魅力的だ。マニュアルや見本が要らない。自分そのものがそのまま表に出てくるような素直な表現ができる。芸術の持つ本来の瑞々しさを本質として失わないでいられる貴重な人たちだ。

現代は、左脳的なものの象徴とも言えるコンピューターやテレビなどのさまざまなメディアが経済構造と融合して、情報が飽和し、知識だけで行動がついていかない状態となっている。それまで悪とされてきた行いも、法律を変えれば正しいことになる、と言わんばかりの政治家や識者たち。彼らは人や国のためと言いながら、欲と知識にコントロールされていて、人間本来の知恵や感覚から離れている。

学園の利用者は、行動と知識のバランスがとても良い。

しかし支援者は、知識と行為は一体であり、本当の知は実践を伴わなければならないという「知行合一」の教えを知らずして、ともすれば彼らに無理やり知識や技術を教えようとしてしまう。そうすることで一見、障がい者が社会に溶け込んで暮らせるようになると錯覚しがちだ。そのとき、行い（行）の理由（知）が理解できずにいる人々に、社会的な行い（行）を求めてしまってはいないだろうか。

## 無目的的な行為としての「縫い」

縫うという行為の歴史は原始時代に遡る。

人間が衣を身に付けるようになった当初は、草木の葉や樹皮あるいは動物の皮をつなぎあわせただけだった。「着る物」に次第に美的装飾が施されるようになり、そこに呪力が宿るとされ、宗教上の儀式や権力の象徴として用いられるようになるなど「刺繍」の歴史もまた、大変古い。

nuiプロジェクトは、そのような目的や意味を持ったいわゆる刺繍や刺し子とも違う。個人のための作為のない営為、創作としての「縫い」なのである。絵画の絵筆や彫刻のためのノミと同じように、針と糸が表現の手段として用いられ、自分の内面に対峙するかのように平然と縫い続けられる。積み重ねられていく糸の痕跡は、「縫う」という方法によって無意識的に生まれ、構図や変化は意図的なものではなく「できてしまうカタチ」である。

しかし、この偶然的な痕跡は、正真正銘その制作者の表現行為である。できてしまったカタチは変化を伴いながらも、その人のカタチの偶然を繰り返す。狂いのない一定のリズムと膨大な時間の経過によって偶然は必然に変化し、制作者の自画像となっていく。

ここでは自分の行為に必死に意味を求めることもなく、説明不要な無意識と時間の重なり合う空間が日常に繋がっている。「やりたいからやる」という、目的を持たず意味のない創作は強度を生む。意味づけした表層がないからリアルなのだ。何を生み出そうとしているのか、自分自身もわからないまま、内面が浮き出た汚れのない美がある。

なぜ彼らは縫い続けるのだろう？　どうして無目的的な行為を継続していけるのか。欲望や理想の達成は理性がこの先の時間で描く代物だ。しかし、彼らは訪れていない仮定の時間ではなく、本能が欲する「今この瞬間」という日常においてすべての欲を満たそうとする。

nui project（野間口桂介）

彼らは創作が終わると、それへの執着が突然消える傾向が強い。それはなぜだろう。結果から考えれば、完成によって終了してしまったがゆえに作品という存在の必要性がなくなったからである。作るという時間こそが目的だから、出来上がった作品への関心をほとんど示さない。つまり、それは自分自身のためだけの行為であり、社会的価値や称賛については無関心なのであろう。

作品を作る目的は、通常だと完成することに向かっており、当然ながら出来上がった形に対して評価を得たいという気持ちがある。私たちは成果主義のように物事の終点や完成を思い、結果に重点を置く。そこへ向かうと「途中」は意味を持ちづらく、完成に向かう制作過程は苦しい時間となる

nui project（吉本篤史）

こともある。

逆に、結果への過剰な目的を持たずに終わりのない気持ちで今を大切にしていれば、その制作の「途中」にこそ意味がある。完成という終点から今の自分の位置を確かめるのではなく、その瞬間瞬間、制作過程そのものが最も楽しい時間となる。むしろ、完成は喜びではなく悲しみのようでもある。このことは、作り手として健全であり、最も大切なことを知っているように思う。常に毎日毎日の重なりで生きていく。目的がないから失敗もない。挫折もない。

言葉にできない世界だからこそ生まれる時間と空間があり、それによってできるイメージが強い出来事を創っていく。そこには地位や名誉や利益はないけれど、本当の自分に出会える場がある。彼らの縫うという行為の世界から、世の中の普遍的なことの外側にある、人間の本質を追い求めてみたいと思っている。

## 縫うことは生きること

二〇一二年三月二五日、しょうぶ学園で長い間暮らしていた坂元郁代さんが入院先の病院で静かに亡くなった。彼女は一九五三年生まれ。しょうぶ学園には、一九七三年の学園開設と同時に一九歳で入所され、二〇〇六年に体調を崩し転園されるまでの約三三年間、生活を共にした。

彼女の刺繍は、工房しょうぶの原点に近く、nuiプロジェクトへインスピレーションを多大に与えた一人である。学園内にあるアートギャラリーには代表作の一つである作品がその象徴として展示されている。一針一針刺した糸の塊が変化して、まるで生き物が増殖していくようなエネルギーに溢れている。

当時は作業指導という名の下、商品としての価値を求めており、彼女のような技法を無視した独特の手法は一般的には理解されず、その制作は単に「障がいの重い人のもの」としてしか評価されなかった。

しかし、商品としての価値ではなく、彼女独自の制作の姿勢や行為をじっと見ていると、次第に一貫して迷いなく縫い続ける、彼女の刺繍へのこだわりから生まれてくる糸の塊のエネルギーに圧倒されていく。真っ直ぐに進んでいた糸の先がいきなり途切れたり、縺れたり、横へ逸れたりしながら美しく絡み合っている。伸びやかに、しかも強くありながら布を凝縮していく。一見おとなしい彼女の内面の強さやこだわりを感じさせる作品だ。二〇年以上にわたり針を刺す行為は続き、多くのすばらしい作品が残されている。「縫う」という行為がここまで人を魅了するのかと思わされる。

針仕事は、彼女の生活の一部を占めていた。病気によって体調に少しずつ異変が起きつつも、手が動く間は手を休めず刺繍を続けた。刺繍をする時間によって、彼女自身の生活の秩序が保たれているようにも感じられた。出来上がった作品に直接興味を持たない彼女であったが、縫うことはきっと生きる力になっていたに違いない。

彼女が亡くなる数か月前に私はフランス、パリにあるアールブリュットを専門に扱うギャラリーを訪れた。ここには彼女の作品が収蔵されている。コレクターのオーナーと坂元作品のすばらしさについて話が盛り上がったばかりの悲報であった。作者は知らずして作品は海外へ飛び立ったが、私たちにとっての彼女の存在は近くにある。彼女の生きてきた価値は作品を通じ、生活を共にして感じることであり、それが絆として残っている。

## エゴイスト・コラボレーション

　工房しょうぶを立ち上げた頃、ある窯元に出かけたことがある。弟子の皿しか見当たらず、肝心の師匠の作品は高い壺しかない。窯元の主の皿を買いたいのにそれがない。なんで作らないんだろうと思いつつ、ふと気になったのは工房しょうぶの師匠の作品と言えば、誰のものになるのだろう？　ということだった。

　当時はまだ指導や訓練を主にしていたから師匠は職員ということになる。仮に自分が買い手として工房に来たらやっぱり「弟子ではなく師の作品はどれですか？」と聞くだろう。それなら工房を代表する作品をまず職員が作って公表するしかない。そこで始めたのは自分の作品を持ち寄っての品評会で、作ったエプロンや布巾、箸などを互いに批評し合うようにしてもらった。好きでもないのに「わぁ、素敵」という調子であり、人の作品をまともに批評なんてできなかった。「そんな作品、好きじゃない」とも言えない。

　職員に共通していたのは、熟達していないから自分の作品を見せるのを恥ずかしがる態度だ。それでいて利用者に対して「もうちょっとこうしたら」と言っている。人に言うならまず自分ができないといけない。ノミを使って満足に彫れないのに、彼らに「そんな風に彫っちゃダメ」と指導するのはおかしいはずだ。そうした発想から利用者への制作支援の前提として、支援者自身がモノをつくることに大きな意味があると考えていた。支援者も利用者も同じ作り手として、得手不得手を含めて自分自身の能力と向き合うことが重要であるからだ。

「目で見せて　耳で聞かせて　して見せて　ほめてやらねば　ひとはできぬよ」と、学園の職員室の壁にかけたあった言葉のごとく、とにかく福祉の仕事を目指してきたような、ものづくりとは無縁の素人の職員自身にものを作らせた。家具を作る。洋服を作る。茶碗を作る。和紙を漉く。最初は当然うまくできない。せっかく福祉をやりにきたのに、ものづくりに挑戦させられ不満も出てくる。そこから一〇年くらいは過ぎただろうか。それでも、少しずつものの形ができ始めると、みんな自分のものづくりに向かい始めるようになってきた。

自分の作品ができて改めて利用者の仕事を見てみると、仕事の方向性や技術に大きな隔たりがあるということに直面した。そこで利用者の創作を職員の技術がサポートし、良い製品に仕上げようと考えるようになった。いわゆるコラボレーションだ。

とはいえ、この「コラボレーション」という語が曲者だ。最初の頃は、その言葉でしょうぶ学園のクラフトを説明していた。だが次第にしっくりこなくなった。

そもそもコラボレーションとは、「異なる分野の人や団体が協力して制作すること。共に働く、協力する」の意味で、共演、合作、共同作業、利的協力を指す言葉である。つまり、意味目的を共有して共同で作ることであるが、はたして学園の利用者と職員、両者の意図するところは共有されているのか？　と考えるようになった。

たとえば木目に逆らって木を削ると逆目という引っ掛かりが出てくる。逆目というものは、彫刻ではよくないとされている。食器でもそこに汚れが詰まる。そのままにしておくのはものづくりとしては邪道である。だから逆目が出たら職員がそれを引き取って滑らかに仕上げていた。

坂元郁代作品

そうすると、きれいになるかもしれない。けれども、それでは利用者が時間をかけて作った逆目をなかったことにしてしまって、結果として、職員の意図する製品に仕上がってしまう。彼らの作業そのものを隠してしまって、本来の仕事を表に出せなくなる。この関係性はコラボレーションなのか。これでいいのか？　と割り切れない思いはどうしたって募ってくる。

かと言って、逆目が出たり、穴が開くまで彫ったものを「彼らの作品です」というわけにもいかない。ちゃんとした製品を作るためにはどうしても職員が手を加えることになる。だが彼らの行いをそのまま出したい。そうした葛藤を抱えるうちに、気づくとそもそも利用者には共同作業をしているという考えがなさそうな場面に何回も遭遇した。

展示や販売は、あくまでアートの素材を使って支援者が仕込んだことであり、こちらが社会のシステムの中にその人の創作を組み入れたにすぎないという言い方もできるだろう。

それでも世間からは障がい者と健常者のコラボレーションとして認められるかもしれない。それを評価するにしても、支援者は「作り手はどんな気持ちで絵を描いているのか」といった、その人の立場を説明する必要があるのではないか。そうすればこちらがコラボレーションに託している意味と利用者との違いが見えてくるはずだ。

福祉の援助技術では、「同情ではなく共感が大切だ」と言われる。共感とは、人間の考えの共通点ではなくむしろ違いをしっかり理解した上に生じるもので、それがときに癒しにもなるだろう。しかし、多くを語らない利用者はこちらの考えを理解したかのような笑顔を見せるから、展示して売れたらきっと彼らも同じように嬉しいし、創作意欲につながると私たちは勘違いするのだ。

普段の暮らしで彼らを見ていると、他人への共感性は薄いと思わされる光景に出会う。だからコラボレーションという考えは本当は成り立ちにくい。というのは、そこに彼らのリアルな意思が見当たらないからだ。コラボレーションは意思とコンセプトがあって、目標を共有し、それに向かって同時にあるいはずれながら合わさって作っていくときに成立する。そうであるならそういう利用者との関わりはコラボレーションとはまったく違う。

学園では支援者が利用者の作品を生かしながらコーディネートし、デザインという付加価値を加え製品化しており、したがって彼らは意志やコンセプトとの接点は少ない。しかもコーディネートされた製品に関心が薄いので、気持ちはコラボレーションしていない。つまり支援者側の発想による価値観、目的が優先されている。支援者のエゴからの企画だから正確にはエゴイスト・コラボレーションという発想である。

私は、このコラボレーションを「マッチング」と呼んでいる。あくまでも意図するところに違いがあるということを知って新しい共同作業として意味づける必要があると思っている。結果的に両者の役割が明確であり、手にする喜びに違いがあることを認識することが重要だ。

そのことを前提として工房しょうぶにおけるマッチングでは、大きく二つのパターンがある。

①先にデザインする

あらかじめ制作しようとする作品（製品）のデザインがあり、決められた手法によって、利用者と支援者が分担して目的物に合わせて生産活動として担うもの。

②後でデザインする

利用者の制作から生まれてきたカタチの特徴を生かして作品（製品）のデザインをする。利用者の作風がデザインコンセプトとして浮き出されていく方法。利用者は、制作物の中心となる素材を担当する。支援者は、最も見せたいところを損なわないように、コーディネートし製品化する。つまり、利用者の自由な発想や感性を生かし、支援者がゴールを設定しマッチングする。

工房しょうぶでは、後でデザインする方法が中心となっている。この制作は、利用者が先に自由に「できること」を表現しカタチにする。支援者がそのカタチに反応し、工夫しながら手を加えて製品へと商品化するというスタイルだ。スタッフも含めてそれぞれのメンバー独自の得意な表現活動が取り入れられた現場では、自分の制作スタイルが尊重され、両者が必要な役割として存在して自分の仕事をする。他人への下手な干渉はほとんど見られなくなる。

マッチングでは、障がいを持つ人の表現力と支援者のデザイン力と意図的な関与と技術によって、人の組み合わせ次第でさらに大きな可能性とおもしろさが膨らんでくる。そこに1＋1＝2ではないおもしろさのある新しいクラフトが生まれるのである。

おもしろいことにマッチングという介入を認めたことによって支援者が自分の役割と利用者の役割を理解し、仕事はやりやすくなった。利用者が支援者寄りになるのでも、支援者がサポート役に徹するのでもなく、対等に違う役割を担えば、お互い気兼ねがなく気持ちがいい関係になる。

nuiプロジェクトはまさにその関係が現れていて、利用者の刺繍したシャツに職員がミシンを大胆にかけていく。躊躇していたらできないし、利用者の作品がすばらしいと思うからこそ、彼らの施した刺繍に負けないくらいの勢いで作品に向かっていく。利用者が作ったからといって、必ずしも手を加えてはいけないという考えはない。相手の作り出したものをベースにしながらも、相手を聖なるものとして持ち上げるのでもなく全力で向かっていく。そうすると結果として融合が生じる。

シャツに刺繍（nui project）

ただ「これ以上は踏み込めない」という境界は必ずある。その判断は職員一人一人の「その時にそう思ったから」という直感的な感覚に尽きる。入れないと思ったら入らない。そこにマニュアルとして書き出せる基準はない。仮に判断の尺度があるとしたら、「観る目」があるかどうかだ。幅の広い話ではあるけれど、目利きできるのであれば任せている。

マッチングの妙は、利用者のものづくりの無作為さと健常者の捨てられない作為との組み合わせにある。技術を磨くのは健常者の強みで、それがあるから無作為の出来事を活かすことができるのだ。

感じて動くと書いて「感動」＝アートと読むとする。

図り案ずると書いて「図案」＝デザインと読む。支援する側の仕事は「感動」をデザインすることである。デザインが「図り案ずる」ものであれば、意匠や実質的なことばかりではなく、行為の深いところにある精神的な要点をとらえるべきである。

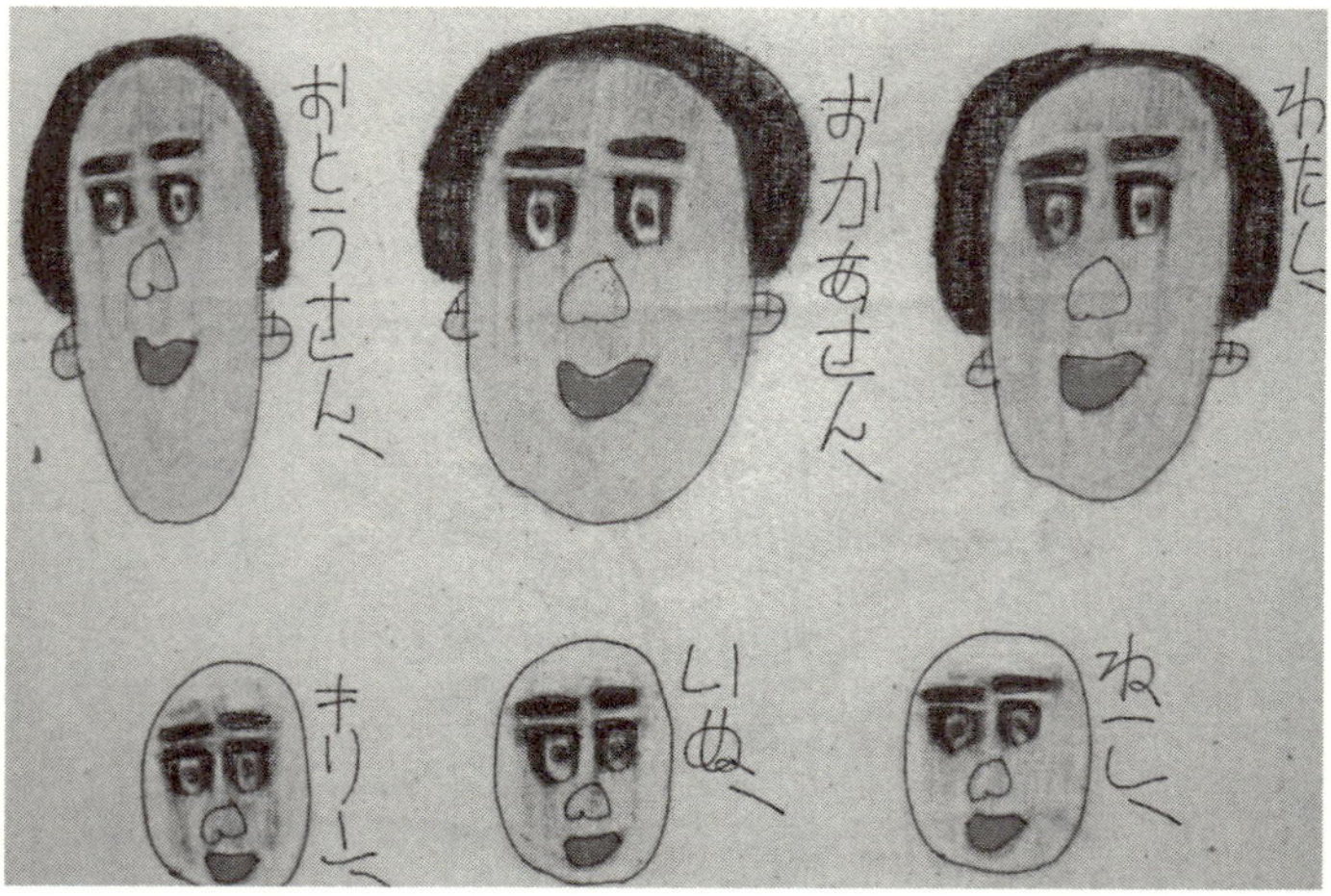

おとうさん
おかあさん
わたし
いぬ
ねこ

# 第3章　「今・ここ」でかなう自己実現と自己満足

## 健常者の知恵の特徴を自覚する

私たちは同じことの繰り返しを退屈だと感じ、刺激と変化を求める。だが、彼らの人生観はそれとは少し違う。いつもと同じ日が続く。こちらから見ると単調に見える暮らしでありながら、そこに安心という幸せがあるようだ。そういう日々の中で彼らの作り出すものは、刺激的で力に溢れている。おそらくは彼らが身の程を知っていることと関係しているはずだ。これは差別的な境遇を改めないままに、今置かれている状況に甘んじるという意味ではない。

耳の聴こえない人は視覚に対する反応が強く、目の見えない人は耳や鼻が利くことにも似ていて、彼らは知的に障がいがあるがゆえに本能的なところが研ぎ澄まされている。それが彼らの身の丈を定めている。

本能は生存することを最も重視する。それに従えば、まず自分の身が危険にさらされないような生き方を選ぶことになる。言い方は悪いが、彼らは自分さえよければ他の人はどうでもいい。言葉の表面だけを受け取るとエゴイスティックに聞こえるかもしれない。けれども違った表現をすればこうなる。自分の関心だけにひたすら向かう。そして削る、縫

ロバと羊のいる庭

う、丸める、描く、ただそれだけに終始する。「ただ、それだけ」という非常に美しい行為そのものを独占している。他者からの価値づけに興味を示さないという感じである。

私たちは評価されて高く売れるところまでをゴールに据える。自分の今やっていることと、それがもたらす結果を予測して行動するし、知恵があるからまた新たな目標を掲げて挑戦する。そうして成長していく。健常者は「ただ、それだけ」に価値を見出せない病を抱えている。それを悩んだところで抱えてしまった欲望を完全に捨て去ることはできない。そうであるならば、「それこそが私たちの能力なのだ」と自覚して、進化することを良しとした生き方を選べばいい。

起きている状況を把握し、「何をするべきなのか」を判断し自分の欲望を抑制するところは、健常者の知恵の特徴である。がしかし、社会を一瞬忘れて、心底自分が欲していることを中心において生きたいと、無意識に満足感を求めているところもある。当然、私たちの本能にしても完全に失われたわけではない。知識や情報が覆いかぶさって埋もれているだけだと自覚すれば、それらを取り去り、かき分けて、本能的な振る舞いに立ち返っていく道筋を知恵によって見つけられるはずだろう。

これまでノーマルな社会はとにかく進歩することばかりを重んじてきた。その恩恵もあるが同時に不必要な知識や情報を増やしてきたのであれば、少しずつ退いてみようと試みる。それも健常者の得意な新たなことへの挑戦ではないだろうか。

同じ人間ではあっても、それぞれが生きる上での価値観が違うのだとしたら違いを尊重するほかない。これは繰り返し言っておきたいのだが、支援や教育という言葉で私たちが利用者に能力の向上を促そうとして接する時、勝手に彼らのテリトリーに侵入していることになっている場合が多い。身につけた知識や情報で作られた常識からは「時間を守れるようになった」とか「食事を残さずに食べられるようになった」ことは、成長したと評価される。

しかし、それは彼らのしきたりを私たちのルールに引き込み、変えさせているように見える。彼らのもともとのしきたりはどこへ行ったのだろうか？　と気にする人はあまりに少ない。

## 彼らのしきたりを尊重する

生まれてすぐから養護施設でずっと暮らしてきた一八歳の少女がしょうぶ学園に入所した。愛情をかけられず、人を信じることができず、ひねくれて情緒は常に不安定に生きてきた。どうやったら穏やかな気持ちになって幸せに暮らしていけるだろうか。

まず思うことは、彼女を形成してきた月日の重さを感じつつ、彼女が育ってきたのと同じ一八年間かけて付き合っていく、ということだ。それくらいの気持ちがないと関係など作れない。彼女のテリトリーに無断で侵入することに常に疑問を持ちながらも、テリトリーに押し入らない限り、その人を知ることにつながらない。大切なことは、彼女を無理やり変えようとするのではなく、本人のしきたりを理解しに行くためにテリトリーに入るということだ。

もちろん懸命に入ろうと思っても「早く帰れ！」「バカ！」と罵倒される。こちらのアプローチを圧力だと感じるから「私の世界に入ってくるな」というわけだ。

こうした態度は一般的に「不適応行動」や「問題行動」と言われる。そのため「そういう行動を直すにはどうしたらいいか」と考えて、振る舞いを改めさせようとする。

そうではない。この場合は問題行動といわれるその行動自体は正しいのだ。

なぜなら、こちらが圧力をかけているのだから、彼女が抵抗するのは当たり前だ。その構図がわかると「だから、そうなって当然だ」と相手に対する理解が生まれる。まずは、相手がこれは圧力ではないということを感じられるようになるまで、丁寧に諦めずに対話を重ねて行くことだ。そういう意味での粘り強さが必要になってくる。

社会的な常識を緩めてみると、彼らの圧力の感じ方が特殊ゆえに、その行為が理解しにくいだけで、なぜそうするのかがだんだんとわかれば対処できるようになる。

マズローの自己実現の欲求論によれば、人間は生理的欲求を満たして、段階を経て自己実現に至るという。福祉の役割は彼らのやりたいことがかなうように、つまり自己実現が果たせるように時間をかけて支援するところにある。他害や自傷行為を容認するのは難しい。だが他害や自傷がある=その人間に問題があるのではなく、それらが起きるようになった環境と年月が問題なのだ。常識に従って彼らを変えようとすると彼らの本質、しきたり、美しさに気づけないままになってしまう。

たとえば母親が亡くなって葬式から帰ってきた男性の利用者に、職員は心配して「大変だったね。どういうことがあった？」と聞く。すると「ご飯をいっぱい食べてきた」と答える。彼は自分にとってリアルに感じたことを言っただけなのだ。それに本人が「ご飯を食べられてよかった」のであれば、「それはよかったね」と言えばいいのに、母親が死んだことについて、葬式での振る舞いや心境まで介入しようとして、「悲しいことなんだよ」と教えようとしたりする。それは、その人を尊重することだろうか。彼の心境を想像することは意味のあることだが、そこには侵入してはいけないのだ。

また、ある人は自らの死が間近に迫ってもいつもと変わらず漫画を読み、亡くなる前日に「今日のご飯はなに？」と聞いてくる。そしてジタバタすることなく実に潔く死んでいく。今まで生きてきた自分、これから生きていくであろう自分を思い浮かべず、現実だけを直視しているのだろうか？

死を理解しない。字が読めない。意思表明が困難な人々。世の中を生きていく上では不自由なことが多いはずでありながら、彼らはどうしてあんなにも豊かな表情を見せ、自信ありげな顔をしているのか。

私たちは色んなことをすぐに調べられ、情報を手に入れられる。知恵を働かせ、より多くを望み、いろいろなことを達成できる。なのになぜか自信が持てないし、全然自由ではない。むしろ生きづらさを抱えている人は増えている。自由になればなろうとするほど、自由のもたらす弊害を抱えるようになっている。それが私たちの姿なのだとすれば、いったいどちらが障がいを持っているのだろうか。

## 音パフォーマンス otto & orabu の誕生

ライブを前にした練習中、メンバーのひとりがセッションの終わりの太鼓をドンと叩いたから、「終わったかな」と思って、私は指揮する腕を振り上げて、次のセッションへ入ろうとしたその時、彼はもう一回ドンと叩いた。きちんとした音楽をやろうとしたら、タイミングのズレた繰り返しのドンは間違いである。けれど、このバンドはそれでいいのだ。「そうきたか。そしたらそこにピアノを入れてみよう」と、ズレを活かした音をその場で決めて行く。otto & orabu の音楽はこうして作られていく。

利用者の足並みが揃わず、頑なにズレる音を特徴とする打楽器を主体にした otto の結成は二〇〇一年。コーラスというよりは叫びに近いヴォイスグループの orabu が結成されたのは、その二年後のことだ。

otto & orabu は利用者と職員によって編成されていて、ドラムに太鼓、ピアノにトランペット、ギター、ガムラン、そしてダンスのパフォーマンスと叫びのコーラス隊も交えて、三〇人近い大所帯となっている。

otto という名の由来は音（oto）から来ている。彼らの奏でる音はずれたり、まごついたり、どちらかというとオットットといった感じになる。そこで「otto」と名付けた。

一方の orabu（おらぶ）は鹿児島弁で「叫ぶ」を意味している。こちらは一〇人程の職員で構成されている。顔に思い思いのメイクを施し、ライブ中はひたすらおらぶ。

otto の音作りは遊びの延長の感覚で行っていて、そもそも指揮をする私の手元にあるのは楽譜、といっても線や文字を書き入れたノートがあるだけだ。私自身、音符はもちろん読めない。それでいて音楽のプロの経験があったり、専門教育を受けてきた職員に「そんな普通じゃなくて、もうちょっと変な感じで！」と指示する。すると困った顔で「変な感じってどういうことですか？」と聞き返してくるので、「君がこの音色には馴染まない、嫌だと思う音を出してくれ」と注文したり、鼻歌やバケツを叩いて見せたりしながら「こんな感じで」と伝えて作っていく。音楽をきちんと習ってきた人にとっては、最初は理解するのが難しくて戸惑うことも多いようだ。

彼がまたドンと叩く。今度も次があるかと待っていたら今度は叩かない。思わずずっこける。そんな風に期待を裏切る行為を私は即興性と呼ぶ。即興演奏は、相当高いテクニッ

YAMAHA

otto&orabu（グッドネイバーズジャンボリー鹿児島）

クの持ち主であれば聴き応えはある。だが、たいていの場合は、そう長くは聴いていられない。わかりやすい音色を五感が求めるからだ。ところが利用者の場合は「どうやって外してみせるか」といった狙いがないからいやらしく感じない。本当に思いがけないからおもしろいのだ。

otto & orabuを始めたきっかけがある。工房しょうぶでは、その頃から本格的に自由な創作活動として基準のない、利用者の思いがけない表現を取り入れたアートサポートを推進していた。彼らの強みを生かすために、ものづくりだけでなく身体感覚を活かしたアクションとしての表現活動への広がりを考えていた。

当初は演劇に興味を持った。普段から目にする利用者の言動や行動は日常のひとこまでありながら、絶えず常識から外れていくようなおもしろさが感じられていたからだ。方向性を簡単に言うならば「日常の人間の身体感覚と表現」とでもいう感じだっただろうか。自然な体の動きを見つめて、心と体の表現演出をイメージしていた。ただ、箒を持ってもらったり、座布団に座っているだけだったり、下を向いたり上を向いたり、ただ歩いてもらうだけでもそのままそこから何かが見えるように思えた。確かに考えるだけでもそのおもしろさを感じたけれど、そこから先を進めていくだけの演出が思いつかなかった。

演劇以外でアクションのあるものといえば何だろうか。そこで、ふと気になったのはすでに長年取り組んでいた鼓笛隊だった。運動会での行進のための音楽がメインだから、楽器の演奏は音を揃えることが当然の目的になる。そうなると、やはり枠組みが必要になってくる。「音に合わせて叩いて」と言ったところで必ずズレてしまう。基準があるから、彼らはいわゆるうまい演奏はできない。

しかし、今回は行進のためではなく何らかの新しいアクションをしたいという発想から始まっているのだから、決まった曲をうまく演奏できるようにするつもりはまったくなかった。それに福祉施設の発表会でよく演奏されているような演目もやりたくなかった。障がい者の音楽発表会での観客の感動は音楽そのものとは違うところにあるといつも感じていた。「障がいを持っているのにここまで頑張った」とその背景に対して心が揺さぶられるのだ。

普通の音楽はできないけれど、音そのもので新しいリズムは刻めるはずだ。強みを生かすこと。それはズレることだった。それなら彼らの強みである意表をつく展開をもっと積極的に生かせるはずではないかと思いついた。もちろん既成曲ではないオリジナルの新しい現代音楽。そういう新しい音楽が彼らのズレからインスピレーションとして浮かんできた。

その考えを試そうと、利用者に演奏してもらう上で民族楽器を選んだのは、西洋の音階

ドラム缶ドラム（otto&orabu）

がないからだ。ドレミがあると和音のような調和するパターンの基準や決まった音階の流れがあるので、外れた音を出したときに音階からのズレが目立ちすぎる。そこへ行くとインドネシアやアフリカの木琴、鉄琴やジャンベなどの打楽器は、決まった音階がないからどこを叩いても不協和音に聴こえない。

実際にみんなで叩いてみた。しかし、雑音にしか聴こえなかった。体や頭が音を出して楽しむことを知らないからかバラバラで楽しくない。自由に演奏することの難しさを感じた。何か反応できる組み合わせがないとこのズレは活かせない。

利用者の表現に職員の技術や感性が加わることで新しい形になるという、工房での

「マッチング」にヒントを得た。つまりは木の工房での傷ついた模様の板を装飾として盆にしたのと同じ発想だ。不協和音の現代音楽のCDを流しながら楽器を叩き始めると、外れた音が外れない。本能的な音感が現代音楽に近いのか、リズム、音階、和音が部分的に偶然におもしろい展開をし始めた。

## 共鳴する不揃いな音があった

私たちは、日常的にたくさんの音に囲まれている。

音として認識できるのは、空気の振動が鼓膜を震わせて、その鼓膜の振動が脳内の特定の細胞を共振させた結果なのだ。音楽とは、人間が組織づけた音。音の持つさまざまな性質を利用して、それを時間の流れの中で組み合わせ、感情や思想を音で表現する。複雑な振動なので共振する脳細胞も多岐にわたり、情感や記憶、イメージを司る細胞も「共鳴」させる。それらの多くは右脳にあって、さらに脳の一番深いところにある本能の細胞も活動させるらしい。音楽を聞くと、その周波数に反応する聴き手の特定の脳細胞が「共鳴」する。音には感情が無いけれども、聴き手の楽しい感情の細胞がその音に反応すると楽しい音楽として認識される。

しかし、人にはそれぞれ生まれ育った環境にある音、音楽、情景、出来事などが異なる記憶として潜在しているから、自分が意図しなくても音楽に対して右脳が自動的に反応するのだ。どの細胞が共鳴するかによって、同じ音を聞いても受止め方が変わってくる。だから、音楽の好き嫌いは人によって違うのだ。ある人にとっては、楽しい音楽であっても、同じものが、別の人にとっては、ただの騒音にしか聞こえない場合もある。逆に、心身が「共鳴」しているときは、パワーを上げても耳に痛い音にならず、聴き手の〝本能に訴えかける音楽〟が可能になり、言葉に表せない迫力を伝えることができるのである。

本来、音楽は上手な方がいいに決まっている。何かを表現したり伝えたりするには「不揃い」や「ズレ」は好ましいものではないはずだ。しかし「はたして揃うことがすべて美しいことだろうか。上手とはいったいどういうことだろうか」と問いかけてみると、見えている世界には、実は見えていない別の可能性があることにも気づく。

見方を変えれば、揃わないおもしろさは、それぞれの人の違いを個性や躍動として全面に押し出し刺激的に見せつけるところにある。むしろ揃えることが過剰になればなるほど人間らしさが失われていく。otto の音の裏側には、演奏者の脳の内側の周波数が潜んでいる。人間らしい「不揃いの音」が観客の感覚と融合したとき、お互いがそこに魅せられ、感動し同調できる。この状態が私たちの目指している「共鳴」なのだ。彼らは、遊びながら、頑強に「ズレること」を守っているのかもしれない。

## 利用者と職員あって音が成り立つ

最初の頃はCDに反応して演奏していたが、音楽経験のある職員の楽器も加わってottoは少しずつ進化していった。利用者の独特なズレと私の曲イメージを組み合わせて、CDに代わりその場で演奏するキーボードの音色が曲の構成をリードするようになった。

nuiプロジェクトでも最初は「自由にしていいよ」と言っても、見本がないから戸惑って遠慮がちだったものの、そのうち何をしてもいいと理解して次第に自分の色を出してきたように、ottoの練習でも同じことが起きた。演奏が休みのパートでもいきなり入ってきたり、止まるところでも止まらない音のズレが楽しめるようになってきた。

そうした彼らのズレの間に職員のトランペットやドラムがしっかり入り込んで音を作っていく。職員は「どのタイミングで格好良く入っていこうか」と利用者の演奏感覚とは違う意味で意識的に反応する。協調というより不協和の関係性なのがおもしろい。利用者と職員の違う感覚が新しい音を作っているようだ。

音の作り方にせよ、ライブでの演奏にせよ彼らのズレなしにはおもしろいことはできな

orabu メイクアップ（otto&orabu）

い。また私たち職員抜きに彼らだけでも難しい。お互いどちらかだけではインパクトが足りない。この関係性が人の気持ちを揺さぶる音をもたらすのだと思う。
だから二〇一二年に「ポンピドゥ」という曲がアパレルメーカーの「niko and...」のCMに採用されたとき、理屈抜きに福祉バンドではなく音楽バンドとして評価を受けたのだと思ったし、「なんかわからなくて不気味だけどおもしろい」という感想も聞こえてくるとなおさら少し嬉しくなった。

## 自分をさらけ出す試み

ライブの本番を前に緊張した面持ちのorabu メンバーである職員がいた。

人前に立ち、叫ぶという非日常のパフォーマンスは、知らない相手に自分をさらけ出すことでもあり、怖く感じる人もいる。

すると利用者が「がんばれよ」「いつも通りで」と声をかけていた。ライブ前は、人それぞれではあるが、当然みんな緊張しているものだ。ところが、利用者のメンバーの多くは、職員に比べて平常心でいつもと変わらないでいる。成功とか失敗がないからだ。だから、舞台がどこであれ普段通りに、ただ太鼓を叩くことができる。職員には成功という目的があるから、自分が楽しむというより周りの評価の方が気になる。その違いも含めて、職員も利用者も互いのありのままの姿を間近に見る機会になっている。

また、orabu は利用者だけでなく職員が自分をさらけ出すことをやってみようという試みで始まった。利用者たちはいつも行動を観察され、身の回りのことから私的なことまで、得意なことならともかく不得意な苦手なことまで、すべてさらけ出されている。もちろん、ケアをするためのその人の情報として趣味や癖や感情までもケアする側は知っておかなければならないからだ。職員の側も人前で叫ぶことで音楽や歌が得意でなくても「自分はこうなんだ」とさらけ出せば、少しでも相手の気持ちに近づけるかもしれないし、新しい自分を発見できるかもしれないというポジティブな考えで始めた試みである。

楽器を弾けない人もいるから声を出すことがいいだろう。とはいえ、人に聞かせようとするならうまくないといけないが、ottoから連想するとコーラスも揃わなくていいし、うまくなくていい。うまくないけれど聞かせる歌にするにはどうすればいいか？　そこで大きな声で叫んでみようということになった。

大きい声がうまく出せるどうかはさておき、誰でも叫ぶことはできる。人と比較するというものではないから、小さい声の人は自分なりの声で、ともかく自分のできることで最大限の良さを出せばいい。それはその人のパワーを感じさせることになるはずだ。orabuに指名された職員は最初は嫌がった。なんでこんなことをさせられるのか。舞台の上で何か表現するなど人生で想像したことのない人がほとんどだったから面食らったのだろう。

喉から声を出すといった、必ずしも音楽的ではない発声の職員もいるが、声にはその人のあり方が出てくるから音楽とは違う意味のおもしろさがそこに宿る。そして「上手に歌おうとしないでもいい」と思いつつも、やはりうまく歌おうとする人もいる。「自分なりの声」ですら、「もしうまく声が出なかったらどうしよう」と想像して固くなってしまうのだ。

「こうでなければならない」や「あるべきだ」にまといつかれて、周囲の期待を勝手に感じ、成果を出さなくてはいけないという先入観で楽しめなくなってしまう。気持ちが萎縮し、気負ってしまう。予想と自分が今できることの差を無視して、常に自分以上のベストな結果を予測してしまうのだ。

orabuで大事にしていることは、懸命になること。成功をあきらめること。緻密に計算しないこと。言い訳を考えないこと。周りを見ないこと。自分自身のためだけに目的を持つことだ。利用者を見ていてわかったのは、彼らは楽しいから木を削る。楽しいから絵を描く。楽しいから縫う。楽しいから積み上げる。楽しいから歌う。楽しいから土を丸める。楽しいから固める。そう、何事も「楽しいから」なのだ。それを見習いたい。

互いの多様性を認めるならば、「こうでなければならない」という個人の価値観や考えは、自分自身には向けても他人に押し付ける必要はなくなる。義務感から解放され、健常者が自分をさらけ出すことで開放感を味わい、思いっきり演奏することを楽しむ。こちらが演奏で挑めば彼らも真っ向から向かってくれる。そこで生じる喜びは私たちとは違うかもしれない。それでも喜びは共有できる。

ズレている。音程が狂っている。調子外れの物にならないはずの音たちが、きちんとしておらず、うまくもないが圧倒的に立ち上がってくる。これは音楽なのか？　と問われたら音だと答える。ただの音。その場限りの音遊びだ。スーパー素人楽団otto&orabuは、「共鳴する不揃いな音」として、結成からあっという間に二〇年が過ぎた。

アフォードされる環境

音や空気、水、光、風といった環境が意識の及ばないところで私たちの生き方に影響しているのだと思う。若い頃は自然溢れる地元を退屈に感じた。比べて東京での生活は楽しかった。都市の喧騒に安心感やおもしろさを感じたのは刺激があったからだ。それは水や光といった自然を感じる五感を麻痺させるものでもあった。田舎と都会の違いに良いも悪いもなく、人生の時期において何を楽しいと感じるかは変わっていく。

私たちは周囲の出来事を自然に知覚するだけでなく、不愉快に感じたことを我慢したり、損得から考えて感覚をコントロールしたりする。それが彼らにはできない。仮に私たちの考えを理解したとすれば、頭で計算して、感覚を抑えることに異様さを覚えるのではないだろうか。彼らの感じ方は私たちより遥かに自然に近い。

しょうぶ学園の昼の賑やかさは、郊外の住宅開発が進んではいるものの、都市とはまるで違う。みんなの声や動き、池に跳ねる陽光や蛙の鳴き声、園内で飼っているロバのいななき、揺れる木々が穏やかな活気を生んでいる。夜になると次第に生き物たちの気配が静まっていく。人間と自然の運行が伴っている。そこからはみ出てしまうものが社会だとすると人間らしく生きるとは自然に添うことなのか。それとも社会に馴染むことなのか。そんな疑問が頭をもたげる。

園内に池があって、メダカが自然に繁殖していたり、蓮が咲いていたりと季節の移ろいを感じる。そこに涼しげとか優雅な感じがする、癒されるとかさまざまに感じることはあるだろう。

園庭にある池。しょうぶ学園の環境を形成している

ある利用者は、普通の人とは違う刺激を池の水から受けているようだ。彼女は飽きることなく池の水を手で触り、ちゃぷちゃぷさせる。彼女にとっての池は水と手で戯れる表面のところこそが必要で、そこに感触の良さなのか音なのか何かを感じているらしい。

私たちはどちらかと言えば自然の涼味や美しさを感じる

ものとして庭の池の存在を意識する。彼女を見ていると、そうした自分たちの捉え方は正真正銘、自分の感覚から生まれたものだろうかと思えてくる。教育や情報によって「池というのは眺めて美しく涼しげなものだ」という結論に辿り着いていることが多いのかもしれない。そこへいくと、彼女はそういうものを完全に無視している。

アフォーダンス理論というものがある。すべての環境は、私たちに動作や行動を促進したり制限させたりしており、そうした影響を与えることを、英語ではafford＝「～ができる」「～を与える」という。そのアフォードする環境や情報と行為の相互作用をアフォーダンスと名付けたのがこの理論だ。アフォーダンスとは知覚心理学者のジェームス・J・ギブソンによってつくられた造語である。感覚器官（五感）を通して受けている刺激は、自分の価値判断に基づいてアフォードすべき環境を無意識的にピックアップして生まれていることになる。ギブソンの理論では、誰もが共有できる知覚情報が、環境の中に組み込まれているということらしい。

ドアに把手《とって》が付いていれば引くだとか公園にベンチがあれば座るだとか、何かの行動を誘導するアフォーダンスが空間にあって、人は環境の中で何かにアフォードされながら生きているのだ。

そういう意味から想像すると、寝転んで水の表面をちゃぷちゃぷさせている彼女のその行為は池の水にアフォードされているということになる。そう思うと、池も常識的に理解している池としてのみ受け取らずともよくなる。彼女の快適さを引き出すものとして、彼女にとっての存在意義がある。環境が人と多大に影響し合っているということが学園という限られた空間の中であっても、とてつもなく存在している。それを見つけ出すのも、人の生活する環境を考えていく上で実に興味深いことである。アフォーダンスは、その人の価値観や経験によってさまざまに深化するのだ。深く入り込んで癖になり、こだわりになっていくことも理解できるだろう。だから、一般的でないその環境を用意することが重要になるのである。

彼女のちゃぷちゃぷさせることで得ている知覚をアフォーダンスとして捉え、それを職員との間で共有できるのであれば、彼女の行為の根源に迫れるのかもしれない。それは誰もが知る一般的なアフォーダンスだけではなく、利用者が好んでアフォードされる独自の環境。それを私たちが先に知って用意することによって彼らが生きやすくなるからだ。「その人らしさ」は自由であるところからしか生まれないと思う。私たちは知らず知らずのうちに、場当たりの思いつきや自分の価値観、安易なヒューマニズムを他者に押し付けていないだろうか。常識に照らせば理解できないことでも、すべての人の行動には何らかの意味があると考えてみる。それが私たちの現実と異なっていても「本人の世界」を受け入れ、彼らを「私たちの現実の世界」に引き込もうと強要しないことが大切だ。

言葉が話せないなどの不自由さを伴っている人たちの感情など内側を豊かに実らせるために、彼らの内面世界と社会とを橋渡しする必要がある。そのためには「待つ・観る・聴く」ことによって構築されていく信頼が欠かせない。福祉施設は、社会にはない感覚のエッジに立つ人たちのためのアフォーダンスを創り、守ることができる数少ない場所である。そして、彼らから必要とされる、特別なアフォーダンスの存在になることも職員としての役割のひとつである。

## 彼らの至福な時間と場所

私たちとはまるで違う感性や感覚を持った人が生きているという事実を日々見せつけられている。その中でいかにそれぞれの人が生きやすい空間を作っていくか。たとえば、園内の道や建物が緩やかに曲がっているところにも意味がある。多くの施設は学校や病院のように道はまっすぐだ。そのほうが人がどこいるのがかわかるから管理しやすい。

しょうぶ学園では道はカーブしていて、しかも木がいっぱい生えているから人の動きは見えにくい。利用者からすれば姿を隠しやすいし、デートもしやすい。ここに住んでいるのは彼らだから、職員から見えにくくていいのだ。このようなデザインは、利用者の気持ちの安定の上でも大切なことだと思っている。

大声を出しても裸になってもいい。水遊びもできる。ただ座っていてもいい。外の社会に行けば彼らには理解できないルールがたくさんある。この場に彼らの特別な感覚に合わせた自由になれるところがあったらどれほど幸福だろう。

障害者支援施設の役割は一般的にリハビリテーションのためという要素が強い。つまり社会復帰のためであるが、それを簡単に言うと、社会でうまく暮らせるように訓練、支援していくということだ。では、いつになったら彼らは一般社会でうまく生きていけるようになるのだろうか？　それよりもここを一般社会のようなルールのある施設にせずに、今の彼らの暮らしぶりに合わせて、社会では認められないことも許される空間にする方がずっと幸せに近づけると思う。

新しい福祉観は「ソーシャルインクルージョン」に向かっている。人権や信条、ジェンダー、高齢、性的指向、障がいにかかわらず、誰でも地域で主導権を持つという概念だ。障がい者だけでなくそれぞれの人の自由なニーズに合わせて社会が包摂することである。ひとりひとりの個別のバリアを少なくする社会のあり方であり、その人の自己実現のために、どのようなハンディがあるかという点に徹底的に視点を置き支援しようとする環境（社会）を構築しようとする発想だ。

インクルーシブな社会の実現に重要なことは、「個の主体性の絶対的尊重」であると言うならば、その支援の源は能力開発や訓練による社会性の役割の実現達成という次元ではなく、彼らの最もリアルな希望や欲に従うべきである。特に障がいの重い人にとっては適応行動よりむしろ、彼らの主体的な自由表現を優先して支援することこそインクルーシブな社会をつくる近道なのである。社会福祉施設が肯定的な影響を受けられる環境づくりに関わり、行為と空間をデザインすることによって、社会に向けて彼らの特別なエネルギーをディレクションしていくことが必要である。

そのための大切な7つの条件と2つの方法を次のように考えている。


【7つの条件】
1　人の行為の価値観の違いを尊重する環境
2　自分自身の可能性に向かう環境
3　時間のエネルギーを大切にする環境
4　人のエネルギーを大切にする環境
5　心地よいコミュニケーションがある環境

6　快適な自然環境
7　感性豊かな環境

【2つの方法】
1　社会システムに知的障がいのある人の長所を組み込むこと
2　社会システムから一般人の短所を減らすこと

以上のことからわかる通り、インクルーシブな社会とは、障がい者というカテゴリーではなく、すべての人間を肯定的に捉え、その人の内面の価値を理解しようとする過程のある環境だ。

## 職員の才能の開花

職員のほとんどは中途採用で、しかも福祉経験者は少ない。採用規準は特になく、ともかく面接してみて合いそうだと思ったら採用する。現在、働いている職員は非常勤を含めると一二〇人くらいで、前職は多種多様だ。

かつては作業担当であれば、とにかくものが作れるようになることを第一の課題としていた。「あなたのつくったものは何ですか？　と問われたら、〝これだ〟と言える職員になってください」と伝えていた。だから介護や支援をイメージしてきた職員も、木工部門に配属されたら家具を作れるようになるのが業務命令となる。そうしてものづくりを始めてみると、職員はまず何もできない自分と向き合わざるを得なくなる。

仕事だから仕方なしに始めたものづくりに、最初は誰しもプレッシャーに感じても、まったくの未経験者であったとしてもクオリティはともかく、三年もやればテーブルや小椅子くらいなら形にはなる。職員は、前述したように利用者の無目的なものづくりとは逆に有目的で効率的な仕事に憧れるものだ。自前で何かできるというのは、やはりその人の確かな自信につながっていく。ものを作ることの良さはそこにある。

園内にはパン屋「ポンピ堂」と蕎麦屋「凡太」、カフェ「Otafuku」があり、ここで働く職員もクラフトと同じく、前職はまちまちだ。二〇一一年の蕎麦屋の開店にあたって、介護職員として入職した職員に「異動になるがやってみる？」と声をかけたのは、根性がありそうだったからだ。彼は蕎麦を打ったことはおろか、まともに料理をしたこともなかった。けれども半年足らずの特訓で、どうにか店に出してもおかしくない腕前になったし、今引き継いでいる職員も未経験だったものの、美味しい蕎麦を打てるようになった。きっかけは不自然でもやる気になればできる。

パン屋も蕎麦屋もカフェも県内外からお客さんが訪れるようになった。それは味のクオリティがあってのことなのだから非常に嬉しいことだ。

福祉と縁のない異業種から来た人が、予測もしていなかったはずの、しかも未経験のものづくりや飲食の仕事をする。自分でも気づかなかった才能を開花させていく。それが障がい者のサポートや才能の発掘とは別のもうひとつの私の大切な仕事でもある。それぞれ持ち前の能力は違うから向かう先は違えども、自分の能力に適度に適切なものを試しみようというのが、しょうぶ学園のものづくりに対する考えである。それは何も利用者だけではなく、職員にも当てはまることだった。

私たちの内に隠れている能力は相当あるのだと思う。結局は、誰しも才能を持っているということだ。ただ、それに気づくチャンスに恵まれないだけなのだ。

他人と比較して「あの人に比べて私は……」と勝手に評価してしまい、自分のできることに向ける目を曇らせてしまう。周りが気になって、優劣を比較できる知的な能力があるがゆえに自分の秘めている能力を覆ってしまうのだろう。

障がい者と言われようと健常者と言われようと、やはり手段が揃えば人は勝手に走り出す。職員の場合は、それが業務命令だったり、「やってみたい」という意欲と「できるだろうか」というプレッシャーとの間で揺れる気持ちであったりするだろう。動機はどうであれ、ともかく足が向いて、手が動いて、心が動いたら、やってみたらできるようになってしまうのだ。不完全で思うようにはいかないけれど、そこには自分だけの小さな満足がある。それが隠れていた才能なのだ。

## 両手を一八〇度まで広げてみる

発揮できる力は本当に人それぞれで、ものづくりは苦手だけどケアが上手な人もいれば、その反対の人もいる。人によって作るもののレベルも変化する。「施設は人なり」だと思っている。

しょうぶ学園内の蕎麦屋は一・三ミリの細さを基準にしている。蕎麦を打つ人が変われば、どうしても微妙に太くなってしまい、今は一・五ミリになった。そうなってしまえば一・五ミリの蕎麦で勝負できないだろうか、と考えるようになった。職人の世界にも憧れはあるが、スーパー素人であるからには幅を許容できなければ事業として継続できないのだ。

企業は売上のために社員が一丸となって向かう。そういう理念が軸にある。今や福祉施設もコンサルタントの指導を受け、経営理念に沿って企業と同じアプローチで売上やサービスの向上を図っている。目標は常に前年より上でなければ評価されない。特別な理由がないのに質や量は下げてはならない。福祉においても、ビジネスの観点で言えばサービスの質は下がってはならないのだろう。

けれども私は関わる人間が変わればサービスの低下もあり得ると思うようになった。「みんなちがってみんないい」と言うように、つまり不完全であるということが人間らしさの根源だとすれば変化こそテーマになるのだ。

蕎麦を打つ（凡太にて）

例えば、蕎麦を打つ人が変わったら味は変わる。職員の個性を尊重したら当然そうなる。その人の能力のあり方が技になっていくので、クオリティの上がり下がりはあるだろう。が、それも川幅の変化のように捉えればいい。それを不安定という人もいるだろうが、どちらに転ぶかわからない変化を可能性として捉えたい。なぜなら個人の努力と能力と目標が一致しないなら、目標値を下げて精一杯の結果に満足する方が幸せになれるような気がするからだ。

目標値を下げて良しとする経営者はそういないのだが、それぞれの能力が発揮されるのであれば、それが個性というものではあるのは確かだ。とはいえ、学園という組織を運営していく上では、ただ「人それぞれ」と言えば済むわけでもない。それだけに個性とはなんだろうかと改めて考えることは多い。

最近でこそ、しょうぶ学園のものづくりやドキュメンタリー映画や otto &orabu のライブを見たりとメディア情報からの「思想性」に感化されて県外から職員を志望する人も多くなった。その一方で、特段しょうぶ学園だからという理由もなく、単に求人情報で応募してくる人も当然多い。理想を含めた仕事のあり方や経営者として職員に望むことはありつつも、私の考えに入れようとすると、必ず反発が起こる。そして相手を変えようとしてしまう。長い時間をかけて理解したのは、およそ人が人を変えることなどできないし、職員が私の狭い考えに入ってくるように指揮をとれば賛同者は少なくなって、お互いにとって苦しくなるということだ。

それならこちらの考えの枠の幅を拡張すればいい。全方位は無理だが、両手を一八〇度まで広げておけばたいていの人について、共感できなくても理解できるようになる。つまり、自分の考えを広げるだけで「それもアリか」と理解者が瞬時に増えることになる。

## 丸くならずに四角くなる

どういう理由なのかは見当もつかないが、人間はこの世に生まれて生きてしまっていて、現にそうある姿の自分として生きていくしかない。その見方で世間を、人間を眺めると許容範囲はどんどん広がっていく。決して丸くなったわけではない。

今はもっと頑強に自分と違う考えや相入れない人を認めようとしている。以前の私は先述したように「話しかけられないくらい怖かった」という印象を持たれていたが、当時の方がある意味で丸かったかもしれない。というのは、考え方の違う職員に対して接点を見つけてなんとか握手しようとしていたからだ。相手に自分をわかってもらいたかったし、自分も相手と共有感を持って丸く収めることが良いのだと思っていた。

けれど、互いに共有感を持たないでもいい仕事はできるのだと思うようになった。

それはどうか、という態度であっても、「僕とは違うが、なるほど君はそう考えるんだね」

と、お互いの違いを認める。丸く収めての共有ではなく、互いに変わらない四角の考えが横並びでいられる。そうすれば「違い」を認められるはずだ。今はむしろ丸どころか角ばってどんどん四角になっている。違う考えを聞くことで、自分の発想の幅は大きくなっていくことにも気がついた。人を自分に向かわせるより人の考えを呼び込む方がおもしろいことに出会えるし、「人はいろんな価値観を持って生きているんだ」と実感している。

しょうぶ学園にはいろんな考えの職員がいる。福祉に関心があって、利用者とも深く関わろうとする人のケアは丁寧だ。ただ情熱的であることが頑なさに転じて、パターナリズム的になってしまうこともあり、利用者と職員の関係がこじれたときにお互いに熱くなりすぎて、いったん距離を置けなくなってしまう。そんな時、つい自分が彼らよりも優位な発言をしてしまう。

映画やメディアを通じてしょうぶ学園を知り、「ぜひ働いてみたい」という動機で入った新人は、明らかな抑圧ではないが「抑圧的」に感じられるような気になる言葉だったり、冷たく高圧的に感じる態度に接して戸惑い疑問を抱く。思っていたのとは違うというわけだ。理解や繊細さの足りない言動はここでは当然クリアーされていくと思っていたが、すべての職員がそういうわけでもないという現場のありように「外と内は違う」と学園の密室性を感じる時がある。

これは職員ひとりひとりの思想性といった非常に曖昧だが大事な領域の話で、「こうしなければならない」とマニュアルにすれば職員の意識が簡単に変わるものでもないし、人の考えをひとつに揃えることはできない。だから、今はそうした課題を「優しさ」という言葉に置き換えて、職員と共に考えていこうと思っている。

## 普通の人々によってつくられる普通の場所

日本は同質的で思考や流行、表現が共通の常識となってしまい、異文化や少数派、異種の考えが受け入れにくい。それゆえ協調性はあるが独創性に弱いところがある。確固とした自分があることよりも、むしろ集団的無意識のうちに行動し、無感覚になることが暗に求められているように思える。協調性が重んじられることで、自分の考えを緩めて他に同調、協力しがちになり、あまり主張を持たないことが集団に加わる上で必須となる。

けれども独創性は自分の意思を表明し、意見や考えが違っていることをお互いが尊重しながら「調和」するところに生まれるだろう。自分の価値観や許容範囲を広げることによって、その場所は皆が自然でいられて争いがなくなり、しあわせに近づくはずだ。

障がい者や職員も含めて、ここにはいろんな「普通」の人たちが集っている。いろんな価値観の人間同士が意見を出しあい、協働する。自分と考えの違う人、つまりは自分の枠の外側にいた人の力を発揮させようとすると、自分では考えもしなかったし、それまでの自分の世界にはなかった新しいアイディアが生まれてくる。価値観の幅の持ち様によって何が正しいことなのかは変わってくる。「人には尊厳があり、それぞれに皆おもしろいのだ」と思えるそこにこそ、誰しもが普通に楽でいられる「皆楽」な場所がある。

障がいのあるなしにかかわらず、人がそもそも自分らしく暮らすこととはどういうことなのか。生きる上で思う通りにいかないことがあるからこそ、それを解決していくために人が重なりあって関わっていこうとする。

村上春樹は以下のようなことを述べている。

「人はみんな病んでいる。というのが僕の基本的な世界観です。僕らはみんなその治癒を求めて生きているのです。あなたが誰かに治癒を求めようとすれば、あなたもまた誰かを治癒しなくてはなりません。僕らはその交換行為の中で〝生きている〟という実感を得るのです。多くの場合」

社会は結局は人の集まりだから、お互いの多様性を認め、理解し、自由な発想と思考が尊重されなければならない。「こうならねばならぬ」という個人の価値や概念、考えは自分自身には向けても他人へは向けてはならないと思う。

どうしたら優しくなれるだろう。人をひとつの考えに染められはしないのははっきりしている。逆に、徹底して相手の考えを認め合える多様性のある精神的環境が人の能力や人間観を開花させていくのかもしれない。その能力の向かう先が「優しさ」であるならば、さらにいろんな変化を受け入れられる優しい学園になっていくのではないかと願っている。

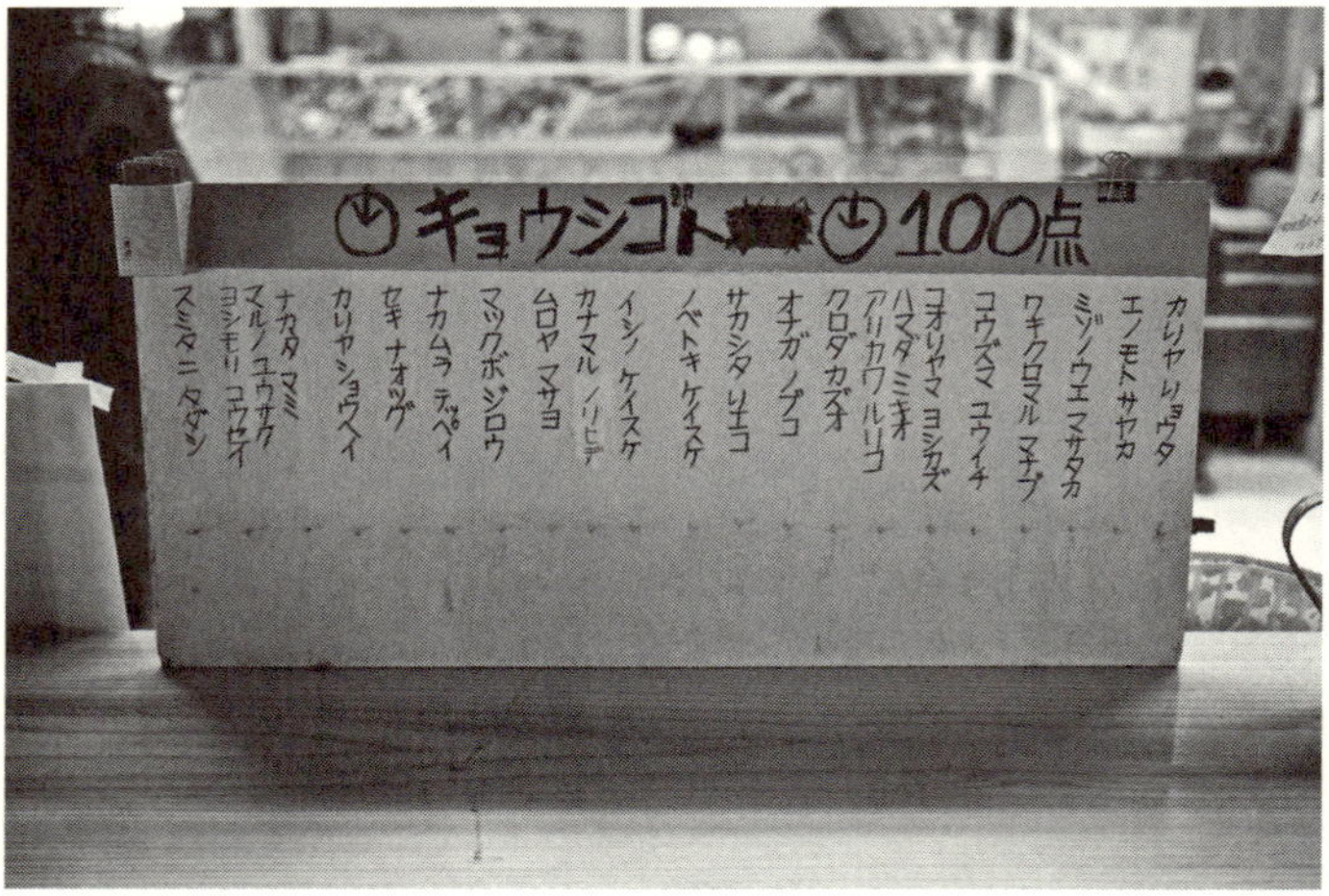
キョウシゴト[redacted]100点
カリヤ リョウタ
エノモト サヤカ
ミゾノウエ マサタカ
ワキクロマル マナブ
コウズマ ユウイチ
コオリヤマ ヨシカズ
ハマダ ミキオ
アリカワ ルリコ
クロダ カズオ
オナガ ノブコ
サカシタ リエコ
ノベトキ ケイスケ
イシノ ケイスケ
カナマル ノリヒデ
ムロヤ マサヨ
マツクボ ジロウ
ナカムラ テッペイ
セキ ナオツグ
カリヤ ショウヘイ
ナカタ マミ
マルノ ユウサク
ヨシモリ コウセイ
スミタニ タダシ

# 第4章　人が生まれ、生きているということ

## 時の流れと見えない世界

この数年、しょうぶ学園を訪れるカップルや家族連れ、観光客の姿が目立つようになっている。三〇年前はここがデートスポットになるような場所になるとは夢にも思わなかった。当時はまだ福祉施設に外から人が遊びに来ることなどあり得ないと考えられていた時代だった。それが今やカフェのオープンスペースで会食したり、ギャラリーで買い物をしたり、園内で飼っているロバや羊と記念写真を撮る親子連れがいたりと、思い思いに楽しんでいる。

訪れる人たちから「ほっとする」「気持ちが楽になる」という声が寄せられる。都会での喧騒に疲れた人たちの憩いの場になっているのか。一息つける場所だと感じてくれるのはとても嬉しいことだ。

誰もが幸せになりたいと思っている。ただ悲しみや苦しみの感情を除けば幸せになれるものでもない。常に幸せなら幸せが何かわからないし、悲しいことがあるから幸せがわかりもする。喜怒哀楽は揺れて移ろうもので、こだわるものではない。

「しょうぶ学園に来ると心がくつろいでほっとする」と来てくれた人たちが言ってくれる

のはなぜだろう。園内の木々の緑やみんなの表情と一見穏やかな空間ではあっても、ここは刻々と変化していく様をそのまま受け入れているからだろうか。それが来訪者には感覚的に伝わっているようであればなおさら嬉しい。大声を出してもいい。泣きたければ泣けばいい。できないことはしなくていい。ここは世間とは違って暮らす上でのルールが少ない。それを直感して安堵するのかもしれない。

生地から糸を抜き出すことや池の水をちゃぷちゃぷさせることに幸せを感じる人もいるように、幸せな状態は人によって違う。まして福祉が幸福を目指すなら、できる限り制約のない暮らしの方がいいと私は思っている。

そこに不安を感じる人もいるのは確かだ。園内に小川が流れている。利用者がここで落ちて怪我をしたらどうするのか？　と聞かれたことがある。私は「そうですね」と答えた。そうとしか答えなかったのは、万が一の想定には答えが出ないからだ。その時にならないとわからない。リスクについては考えていないのか。自覚があまりにもなさすぎる。それは無責任ではないか？　そう問われたら、答えようがない。安全と自由は背中合わせなのだから。

コミュニティーの中に共存する＋特別な居場所をつくる

「場所」という概念は、人なしでは存在しない。空間と自分との間に特別な関係が結ばれて初めて「場所」と言えるものが発生する。つまり人と場所にまつわる風土や文化、社会システムなどとの関係性によって成立していると言えるだろう。その場所に暮らすひとりひとりの習慣も違えば、身につけている匂いも感情の表現も違う。それでも自分と他者の存在を認め合い、おおらかにその場の合意を形成し、共有していかなければならない。

一般的なパブリックな施設とは違い、福祉施設は障がいを持つ人のケアのため以外の用途としての活用は期待されていない。しかし、合意形成する範囲をどこまで拡げられるのか？　と考えた場合、万人が集える場所の構築は、今後の福祉施設の大きな役割としてとらえるべきだろう。

新しい福祉空間は狭義の福祉ではなく、地域の必要性に幅を広げ、しかも目的の曖昧な心地よさが求められるのではないか。曖昧さは人間活動に必要なバリエーションの幅であり、それらが埋め込まれた場所としてのデザインとポテンシャルがこれからの福祉施設には求められる。

個展に向けて制作（鵜木二三子）

都市生活のケアのために代々木公園やセントラルパークがあるように、常に問題を抱える一般社会をニュートラルにするための場所が必要だ。福祉施設が「発展する社会の中の新しい居場所」として位置づけられることは、「すべての人のための福祉」という概念とまったく矛盾するものではない。パブリックとプライベートが融合した福祉施設が地域の中のひとつの新しい居場所としての機能を持ち、その中に小さな入所施設（居住施設）や福祉事業所もあるという位置づけを考えている。

## 間違えたら進路を変える

幸福とは何か。

その答えの容易に出ない問いと向き合っていくうちに、常識や制限を外した方が利用者は生きやすいのではないか？　と思うようになった。その問いかけと試行錯誤の中でしょうぶ学園は変化してきた。だからと言って改革のビジョンを掲げて、その実現に邁進してきたわけでもない。もちろん運営方針や方向性は示してはいるものの、振り返れば「これは良くないからこうした方がいいんじゃないか」という小さな事象や習慣の改善の積み重ねでしかなかった。しょうぶ学園は何かが常に変化しながら何かができていく状態であり、動き続けている変化自体がしょうぶ学園そのものなのである。

昔は利用者のうち九割くらいの人がものづくりに携わっていたが、今は障がいの重度化と高齢化もあって約半数に減ってきている。大掛かりな作品よりも絵画が増えるなど、それなりのものづくりのあり方に自然と変化してきた。利用者の状況やニーズの変化に合わせて看護師や介護を専門にするスタッフも多く採用している。

私の経営理念は、将来に対する「こうした方がいい」という案はあっても絶対ではなく、あくまで仮定でしかない。だから変更が多い。まじめな経営者は、中長期の目標を掲げて達成目標として時間をかけてそれを実現しようとする。利用者や社会の状況の変化に気づいても、信念の強さがあるがゆえに突き進む。決定した計画はすべてが正しいわけではないのに、間違った方向に気づかない。

それなら「進むべきではない。違った」と思った瞬間にすっぱりやめる方がいい。なぜやめるのか？　と聞かれても直感的に「そう思ったから」で進路を変えられるくらいの柔軟さは大事だ。結局のところ、人間が物事を決めるのは感性に頼ることが大事だと思っている。五〇歳を過ぎれば、知性にできることは「そう感じているけれど、果たしてそうだろうか？」という理由の検証くらいではないだろうか。

ただ、決断の早さということもできるが、裏を返すと昨日と今日で言うことが違うことでもあり、おかげで職員は私の考えがコロコロ変わることに少し困っているらしい。

## 自分そのものとして生きる姿を知らせる

世の中は、クリックひとつで複雑なことも短時間で解決するようになっている。同じような速度で悩みや感情のもつれの解決を期待してしまっているのではないだろうか。とにかく誰もが答えを求めて安心したがっているし、その傾向が今後高まって行くのは間違いないだろう。本当の答えはひとつではないのに。

瞬間的な判断の連続で物事を決めていくことと違って、知性的に考えた計画を目標に掲げ、それをいかに早く実現するかについて熱心に考え、効率性を重視してゴールに向けて人を急かす。そうした時間の流れで物事を捉えるのを誰しも疑わなくなっている。

その影響だろうか。職員は早々に物事を片付けないと「周りに迷惑をかけている」と悩んだりする。ともかく懸案事項を早く処理したいと焦ってしまう。「仕事に追われる」という心持ちになると、こちらの思い通りになってくれない利用者に対し、イライラして優しいケアができなくなる。期待と違う行動に「どうして言うことを聞いてくれないのか」と怒りを募らせたり、懸命に考えられないから対応しても相手の行動が読めなくなってしまう。その結果、落ち込んで感情のバランスが悪くなるのである。

　自分の心身の状態というのは、ないがしろになどできないどころか最も大切なことで、そうでなければケアどころではなくなる。「ケアをする」立場と「ケアされる」側の間には常に優劣の関係に陥る可能性が潜んでいる。ケアを与えるという考えで常に行っていると、やがて心理的に疲れてくる。その疲労によってケアが雑になったり、優しい気持ちになれなくなってしまう前に「与えている」「やってあげている」という考えを手放すことが重要だ。「与えている」という感覚がなければ、「与える・与えられている」で成り立つ関係もなくなるだろう。

　それには互いが「同じ人間である」ことを改めて深く考える必要がある。

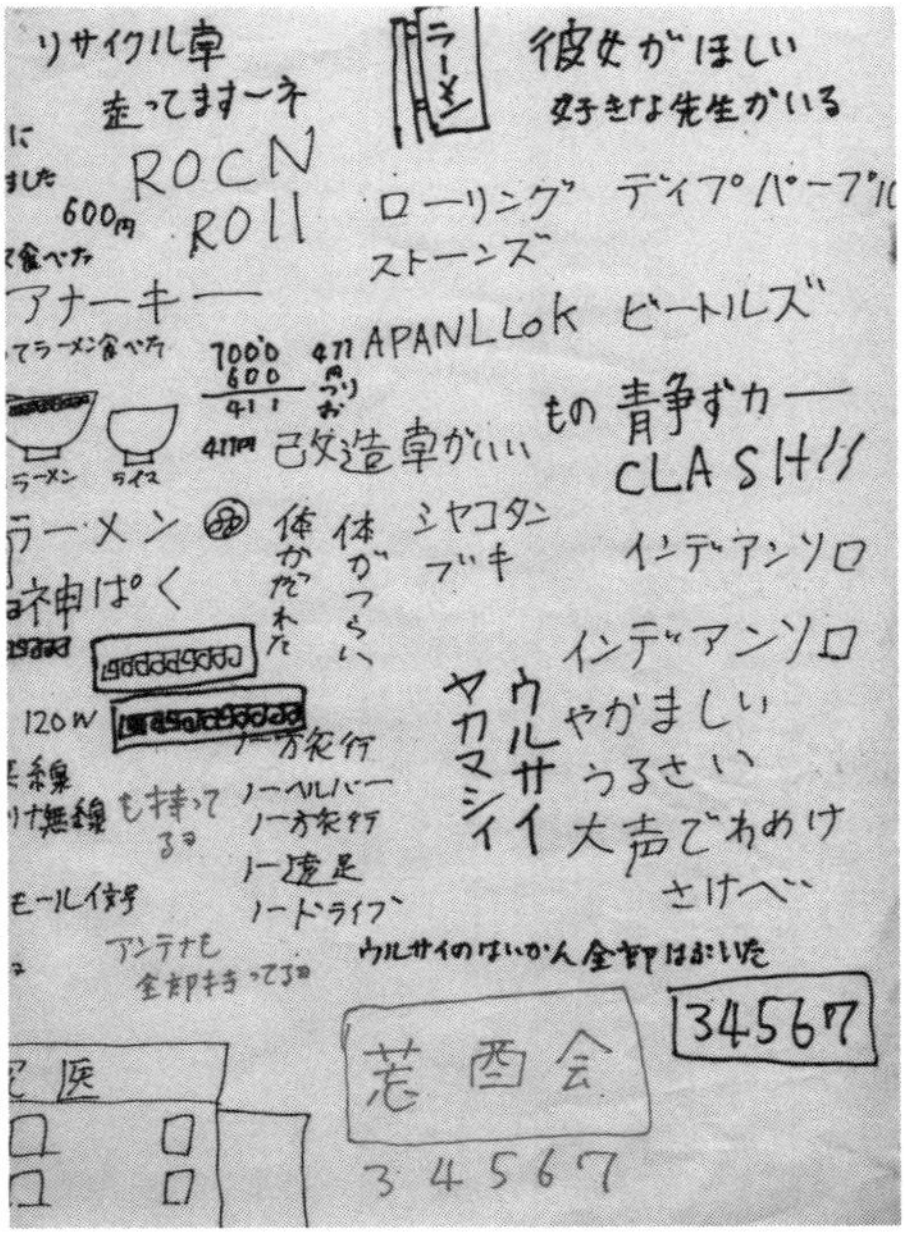

落書きアート（松久保滋郎）

　病んでいる人は病んでいる

だけのこと。障がいを持っている人は、障がいを持っているだけだ。そこに人間としての優劣はない。ケアされる人は、「必要なケアを受ける権利」があるのだ。与えるのではなく隔たりを設けない。こうした感性が養われると、ケアは「その人が感じている障がい」に対してのみ行うのであって、決してその人間をケアによってコントロールするのではないことが理解できる。

利用者とのコミュニケーションでは、言葉や表情で確認を求めても、必ずしも彼らの意図と合うとは限らない。そうすると私たちはいったい彼らの何を知ることができるのだろう？　という初歩の疑問に立ち返ってみる必要がある。

「あなたはどう考えているのか」を知るためには、彼らにすぐに介入するのではなく、そっと窺う姿勢が必要だろう。自分の心身のバランスが良くないと、それはできない。と同時に自分を相手にちゃんと知らせないといけない。これが案外見落とされている。

私たちは言葉や表情、他の人の比較といった手段でいろんな情報を把握し、それで相手を知ることができる。けれども、利用者はそういう手段をとることができない場合が多い。こちらが慣れたコミュニケーションや関係の結び方だけでは、相手は私を知ることにはならないわけだ。だから相手に自分をさらけ出し、相手にわかるように知らせる必要が出てくる。つまり自分の嬉しい気持ちや感情の揺れといった、自分そのものとして関わるのだ。

言葉で確認できたり、目に見えて理解できるのは、こうして生きている世界のすべての事象の一パーセントくらいのものだろう。見えない世界の方が遥かに広い。彼らはどちらかと言えば、その私たちの見えない世界で生きているのかもしれない。

そうであれば、私たちには予想もつかないことが起きる方がむしろ当たり前だ。わからないことを前にして私たちにできるのは、自分そのものとしてこの世界に身を投げ入れて生きてみることだろう。そのひとつが自分を開いて知らせることだと思う。

### たった今の充足

生まれたばかりの赤ん坊の頃は何をしても手放しで周囲に肯定され、その時にやりたいと思ったことを心の赴くままに行うことができた。ところが成長するに従い、一歳にも満たない頃からしつけが始まり、「それはいけない」「間違っている」と、その場にふさわしい態度をとるよう諭される。やがて「そのようなことはしてはいけないのだ」と自らに言い聞かせるようになる。

子供がダダをこねるのをやめていくように、社会の要求に従っていくことが、あたかも正しい生き方だと多くの人は思っている。だから地位のある人や実績のある人を前にすると自分の態度を変えてしまうのはおかしなことではなく、むしろ常識的であり、場合によってはマナーになる。

利用者の中には、そういう秩序を知らないから弁えるべき社会的な関係性を平気で無視する人もいる。時として、マナーが悪い、失礼だと思われることがあるが、受けた印象からもたらされた感情と行動には嘘がない。そんな彼らの「したくないことはしない」で一貫した行動を見ていると、目的と手段の乖離のなさが自分自身を大事にすることにつながるのだと思うようになった。正に知行合一を実践しているのだ。

翻って私たちは目の前の出来事に注目せず、過去を振り返って「もっと工夫すればよかった」と悔やみ、「今度こそ成功させる」と先や後のことばかり気にかける。それを理想を追いかけると言うこともできる。けれども理想と現実との差が新たな挑戦に向けてのモチベーションにもなり得ると、自分に言い聞かせているだけかもしれない。

そして、「たとえ不本意なことでも我慢してやれば将来的には利益になるから」と言われ、それを実行する。そうして実際に利益が得られたとすると、「やはり我慢してよかった」と思いはするだろう。だからと言って、最初の「不本意だった」という不満は解消されるわけではない。利益はあっても自己満足は得られていない。対して、彼らたちは利益こそ少ないが、そういう「不本意」がないからストレスが少ないような生き方ができるのだろう。

彼らはただ縫い、ただ削りと「目的に向けた手段」を取らない。ただ行う。そしてゴールに向けて自分を追い立てない。いつか手に入る幸福ではなく、たった今の充実、幸せを求める。

今見えているものをそのまま受け止めている。いや、受け止めるのではない。受け入れ、すぐに過ぎていく感じだ。物事を受け止めて所有するのではなく、ただ去っていく時の流れとともに過ぎていくようだ。

過去も未来も関連していないのかすべてが本意で「あのときこうすればよかった」と私たちのように計画もしない代わりに反省や後悔もしないようでもある。究極のその日暮らしと言える。

## 世の中に合わせるということ

自分の感覚を「世の中に合わせる」ことが難しいと、常日頃から感じている人々がいる。感覚には視覚・聴覚・嗅覚・味覚・触覚など、外界からの直接的な刺激を感じる働きと、計ることのできない無限にも感じられる心がもたらす、美醜や良し悪しという感覚がある。

後者においては感受性（印象の感じ方）や洞察力（物事の本質や根底にある物を見抜く力）、価値観（何が大事かの物事の優先づけ）、相性（相手との関係性）、見解（物事に対する考え方）など、形にならない個人の感覚が深く関連している。

感覚は本来は無際限で自由であるはずなのに、やはり世の中の常識や基準を踏まえて社会的に生きていくのであれば、「世の中に合わせる」ことを意識せざるを得ない。世の中の仕組みに適応が難しいと思われる知的障がいや身体障がい、精神障がいと言われる人に加え、性的少数者や反社会性パーソナリティ障がい、学習障がい、あるいは自閉症と言われている人々。さらには障がいと名はつかないものの、内面に強い葛藤を有する人々の「生きづらさ」について深く考えたことがあるだろうか？ 世の中に合わない感覚を持ちながら生きていくということの困難さ。計りがたい重圧を感じる毎日だろう。

アンビバレンスという言葉がある。ある対象に対して、相反する感情や態度を同時に示すことである。

たとえば、ある人に対して愛情と憎悪を同時に持つ。あるいは尊敬と軽蔑の感情を同時に持つといったことだ。両価性とも呼ばれており、人が悩みを抱えるときに両価性が強まった状態となりやすい。大きくなった悩み自体が両価的なジレンマであるとも言える。

一般的にコミュニケーションは、話されている直接的な意味と、その言葉にどのような気持ち（情動）が込められているかを感じ取ることが必要だ。しかし、自閉症者の多くは話された言葉の意味と真意がまったく違っていることが多い。たとえば食べ物の名前を言い続けているからといってその食べ物を欲しているのではなく、それは家に帰りたいという意思表示だったりする。

あるいは「こうしてはいけません」という否定的な言葉が記憶されると、「したいけれどしてはいけない」という葛藤が継続的に生じる。「してはいけません」と繰り返し言うのは、そうして確認を行うことで強引に否定された自分を肯定するためだ。否定される関係性を反復することで相手または自分との関係を維持しようとする。そこで表現されているのがアンビバレンスな状態だ。

つまり、自分が今こうしたいと思っていることが伝えられず、結果として無視され、否定され周囲の意向に従わなければならなくなっている。その人はそういう状況に陥っているのだと私たちは知らなければならない。

私たちはアンビバレンスな状況からジレンマに陥らないように、感情の整理を無意識的に繰り返しながら気持ちをできるだけ安定させようとする。両価性で生じた葛藤を理屈や常識、情報によって削除し、心が引き裂かれることのない方向に自らを導きながら解決していこうとする。

こちらも木片に描かれたイラスト

しかし、理想と欲求の狭間から抜け出せなくなると、どう行動すれば良いかわからなくなり、場合によっては精神疾患を引き起こす。さらには強迫観念に陥って、外界との関係を遮断し、安全で安心できる狭い世界にこもろうとする。

しかし、彼ら（自閉症者の多く）が常に周囲を遮断することが満足につながっているというわけでもない。やはり「離れたら近づいてみたい」というような欲求は存在している。彼らの感情を理解するのは難しい。だからこそ私たちは彼らの世界を想像し、そこに身を置いて情動の意味を理解しようと努める必要があるだろう。それがお互いの気持ちが通い合うきっかけになるはずだ。と同時に、私たちからすれば彼らの感覚は非現実的に感じてしまうが、彼らを知ることで互いの感覚の違いをより深く理解することにもなるのだ。

うまく生きるためには、アンビバレンスな心理状態は好ましくないと思われがちだが、探求すれば見えなかった深さが見えてくる、真実追究の心理でもある。両価性のどちらが正しいということではない。私たちは本来から底の見えない感情や感覚を持っている。生きるとは自分には広くて見えない世界の中を浮遊していることにも似ているのに、現実は「どこかに着地しなければならない」と迫ってくる。アンビバレンスは、そうした現実に対しての抵抗なのだ。ある意味、社会に適応しにくいアーティストや一部の障がい者は、内面の表現を芸術に置き換えて、真実を覆い隠す正論に反発しながらも社会で生きるためのバランスを保っているのかもしれない。

## 空と色のあいだ

私たちと彼らの現実の見え方の違いを知っていくうちに、ふと般若心経の「空即是色」が脳裏に浮かんだ。空《くう》は見えない世界であり現実を超越している透明な世界。色《しき》は現実主義の世界。私たちは色を、彼らは空を見る。色は現実にしっかりあるから不動に見える。

でも、そうではない。世界は刻一刻と変化している。

また、ある意味においては、永遠に継続すべき実体がない（空）からこそ、瞬間的には一定の形あるもの（色）として存在する。この世の中にあるすべての存在と現象は一瞬たりとも同じ状態にとどまることはなく、常に変化し続けるということである（諸行無常）。瞬間瞬間を大切に生きていく意味を示唆している。あらゆる存在や現象には実体がない、ということを見極めた時に、私たちはそんな実体がないものに執着することが、いかに空しいものであるかに気がつくという意味でもある。「空」は見えないもの「色」は見えるもの。空がなければ色は存在せず、色がなければ空も存在しない。

同じような刺繡を長年続けることは、私たちの目には単調な反復に見える。けれども、変化し続ける時の流れにおいては繰り返されることは何もない。彼らの刺繡はひとつとして同じことのない一回性の出来事であり、単なる反復ではない。いつもたった今しかない。だからたとえ四、五年かけて縫ったものであっても、終わってしまえば彼にとっては不要なものとなる。至極あっさりしたものだ。

私たちは「展覧会をやってよかった」「次はどうしたらいいか」などと過去と未来を行き来してばかりで、彼らの見ている「空」を見ない。彼らにとって、たった今の現実は針を動かすことなのだ。私はそこに人としての本質の現れを見る。

パターナリスティックで訓練至上主義だった時代には、現れにくかったもの、あるいは見えにくかった人間の本質的な行為がいまはいろんな機会で私たちに示される。それらのすばらしい出来事を見過ごすことなく感じられるよう、本能を研ぎ澄ませておきたい。なぜなら私のインスピレーションが問われる瞬間は予告なしに訪れるからだ。

ある日、寮の前を通りかかると利用者が部屋でひとり煙草を吹かす仕草をしていた。エアギターならぬエア煙草だ。彼は誰かに見せるためでもなく、また見られているとも思わずひとり煙草を吹かしていた。

なんのために？　という目的があるとしたら、ただひたすら煙草を吸う自分を演技とは思わずに本気で演じているのかもしれない。表現というよりは、たまたま表出してしまった偶然の出来事かもしれない。そこに彼にとっての必然性あるいは真実がある。

ひょっとしたら、彼らが工房で繰り返し行っていることも偶然の連続であるかもしれない。自分で考えるまでもなく表出してしまっているのだとしたら、それは体のどこかにずっと潜んでいたことかもしれない。彼らはこんなふうに言葉で説明しないが、ずっと私たちに示唆してきた。そういうことに気づける状態でいたいと思う。

私は彼らのような時間を生きておらず、目的と手段の乖離に葛藤を抱え、いつか「空」の世界を垣間見たいと望んで生きている。それもまた健常者が健常者として生きていく上では重要なことかもしれない。

葛藤は喩えていうならテスト問題を解いている時のぐっと迫っていく感じに似ている。テストと違い、人生上の葛藤には正解はないが、そこに向かっていくときに私たちは知力や体力を使っているわけだから、ある意味で生き生きとする瞬間でもあり、幸福と言えるかもしれない。

しかし、葛藤はこの世においてはつらさにおいて姿を表すことが多い。現実は内なる声（空）である。自分の考えを押し通すと、非常識と批判されたり嫌われたりする。逆に外からの声（色）に影響を受け過ぎて、自分の考えを表現できないストレスに悩まされることもある。それは重要な自己決定においてしばしば私たちの前に立ちはだかる。

二つの声が一致する時は良いのだが、相反すると迷いや不安が生じ、人は葛藤する。どちらかの声を実行しようとすれば、もうひとつの声がそれを止めようとする。自分の考えに自信がなくなりどうすれば良いか悩んでしまうのである。しかし、この葛藤こそが自分の人生を作り上げているともやはり考えられる。

人が亡くなれば「もっと優しくしてあげればよかった」と悔やみながらも四十九日で区切りをつける。「今が苦しいのは幼少期のあの体験のせいだ」と理由付けをしたりして、これから先やこれまでという時間の幅の中で葛藤を生じさせ、昇華しながら解決を試みる。

その繰り返しで少しずつ人間が磨かれていく。

それに比べて、彼らの葛藤は瞬間に起きて、瞬時に消えていく感じがする。鬱屈せず、その場でエネルギーを発散するので後を引かない。

彼らの行動を見て、このように解釈できるようになってきたのは、私たちが現実だと思っている空間は、極めて限定された常識に区切られているのだと理解するようになったからだ。彼らは強度のある「空」の世界を見ているが、それはこちらが見ている常識に基づいた現実主義の世界とはまるで違う。

私たちは彼らを障がい者と名付ける。名付けた瞬間に社会の中でそのように位置付けられる。しかし、彼らは「僕は障がい者じゃないよ」という。では、彼らはこの現実とされる空間のどこにいるのか。理想と現実のどことも言えないところで彼らは生きている気がする。

## エッジから見える風景

知恵を持つことが果たして良いのか悪いのかわからなくなる。社会というシステムの中で知恵をつけていく。そうして物事の善悪を学ぶとは、自分を失っていくことでもあるからだ。知恵は物事の比較を可能にする。比べることでより深く物事を知っていくこともできる。

と同時に、他人と自分を引き比べて競争心を掻き立てられ、どんどん自信を失っていくことにもなる。今の時代は情報が溢れているせいで比較の目盛りも細かくなっており、それだけ生きる上での自信を失っていく方に引っ張られやすくなっている。私たちが本能に基づいて生きるよりも知恵や知識を重視しているのは、そのほうが社会を渡っていく上では有利だからだ。人と協調するだとか同意するといった、普段の暮らしで当たり前に行っているコミュニケーションも知恵あればこそできる。

先述した通り、障がいが重度になればなるほど知恵や知識よりも生きること、生きていくことに関わる本能が全面に出てくる。そのため彼らには他人と協調しようという素振りはあまりないように見える。道徳心から見れば、その態度は冷たく見えるけれど、本人は意地悪をしているわけではない。なぜなら意地悪はすごく知恵を使わないとできないからだ。だから、「他人に配慮する能力がない」のではなく「ひたすら自分のことだけに没頭できる能力」を持っているという方が正しい。徹底して自分のことしか行わない姿は、天然の自己中心だからだんだんと素敵に見えてくる。

私たちも本当は自分のことばかり考えていけばいいのに、どうしても社会のシステムに合わそうとする習慣から離れられない。社会という群れから離れては生きていけないという恐れを持っているせいかもしれない。本当は自分の評価は自分で決めればいいはずだ。自分でものを作ったり、さまざまに体験する中で学ぶのではなく、他人の授けてくれる知識を身につけることにかまけてきたので、常識が刷り込まれて社会の判断基準に則らないと生きていけないと思うようになった。

土のオブジェ（鵜木二三子）

社会と非社会のはざまを私はエッジと呼んでいる。私たちの仕事は障がいゆえに常識が刷り込まれない人たちの、非社会性と背中合わせの〝クレイジー〟さと驚愕せざるを得ない天才の振る舞いのはざまに立ち会うことでもある。

思考からではなく、突発的で衝動的に始まる出来事。彼らはそうした偶然の連続性、つまり「自然な揺れ」の中で生きているところがある。比べて私たちは意図的であり、偶然には否定的だ。過去の体験から未来を予測したいし、再現性のある関係に持ち込みたい。それだけ何も考えずに行うことを不安に感じている。しかし、時に偶然性そのものが形になった時に出会うと、この上なく胸踊る。それはミラクルが起きたからだ。

障がい者本人の意向に気持ちを傾け、本人の自己実現に向けて支援をすることを本業とする私たちは、障がい者の「自然な揺れ」に対応し、本人を支援する立場にいる。支援という介入によって、「揺れ」を止めることに力を注ぐより、むしろ自分自身も揺れながら「自然な揺れ」に心地よく乗ることはできないだろうか？　そうすれば人間らしさの尊重、いわゆるヒューマニズムが展開されていくのではないか。

## 幸福と楽園

園庭にあるツリーハウスの設けられた栴檀《せんだん》の木は四〇年前、鳥のフンから発芽した。

しょうぶ学園に同じ歳月くらい暮らしている利用者がいる。彼に「将来どうするの？」と聞いたことがある。「わからない」「ずっとこのままだよ」と言う。この先とは「このまま」のことなのだ。そうして、きっとこのままここで暮らし、このまま死ぬのだと思う。

彼は以前、繊維工場で働いていた。昔のように外に行こうとは思っていない。外に出るとあまりに社会に合わせなければならないことが多すぎて、生きていくことはなかなかつらい。難しいことを身につけた上で実現される「共生社会」で暮らすより、できることや簡単なことだけで過ごせる社会で生きたほうが快適だ。それならここを彼らにとっての楽園にしたほうがいい。

先述したように国は、障がいを持つ人たちも施設で暮らすのではなく、地域で暮らすことを推進してきた。その理由をもう一度確かめる時期にきている。一九八九年に障がい者のグループホーム制度が施行され、施設から地域に移行した頃は、障がい者が地域で生活すること自体に意味があった。障がい者が地域社会を歩き回ること、存在そのものを他者から認知されることが第一歩だったからだ。

その後、地域生活の目的は、ただ地域に住むことではなく「障がい者の主体性のある生き方を考えること」になったが、地域で暮らしていても人との関わりが薄ければ、主体的な生き方としての自立は実現できず、少人数の施設と何ら変わらない危険性も潜んでいる。また心や身体に関する障がいへの安心できるケア（介助、支援）は、今の制度下では十分に確保されているとは言い切れない。これらのことから一概に誰でもグループホームをはじめとした拠点で地域生活を送ればいいわけではない。

私の思う楽園。といっても大げさなことではない。ここでは日々小さな出来事が起き、たくさんの物語が生まれては消えていっている。それを大事にしていけばいい。

しかし、利用者と職員はやはり人間同士だから相性もある。うまい関係を結んでいる職員であっても、同じスタンスでやれば、常に良い支援ができるとは限らない。相手を客観的に知っていけば仕事がスムーズに行くわけでもない。手がかりはあるようでなく、ただその人のその時の状況を受け入れていくしかないこともある。

働き始めて三か月しか経たない職員がレポートにこう記していた。

「以前は特別支援学校で臨時教員として勤務しており、子どもたちの指導、支援を行っていたため、先生と生徒という関係性がありました。しかし、こちらのデイセンターを利用しているのは大人の方たちであり、自分よりも年上の方がほとんどでした。支援者と利用者という関係性はどういうものなのか悩み、はじめの頃は利用者の方の苗字に敬称を付けて、かしこまった敬語で話し、今考えるとどこか不自然な接し方だったと思います。

どういった支援が正しいのか、自分の中でまだはっきりとした答えは見つかっていません。特別支援学校の教員時代は、集団生活を送る為の指導も行っていましたが、個別の指導計画や支援計画を作成し、個別にその子が自立するための指導や支援も行っていました。

作品たちが準備している（絵画造形の工房）

今でもその人が自立（単に独り立ちするという意味ではなく）するために支援を行うことは必要だと思います。だが、その支援がこちら側の都合になってはいないか、その支援によってその人の人生がより良いものになるのか、支援する側は、慎重になるべきであると思います。そして、今後も支援するということはどういうことなのか、日々気付きを得ながら学んでいきたいと思います。

当初、しょうぶ学園の方々が作り出す作品や音楽に衝撃を受け、こういった作品をつくるということに関わりたいのだと思っていましたが、どうやらちょっと違うようであることに最近気付きました。

しょうぶ学園に入職してから工房の様子

を見たことがありませんでしたが、先日少しだけ陶芸の作業場に立ち寄る機会がありました。そこには、普段デイセンターでテレビを見ながら雑談をしたり、ちょっかいを出し合ったりして楽しく過ごしている人たちが、真剣な表情で作品に向き合っている姿がありました。その光景を見た時、一瞬いつもデイセンターで接している方々とは別人に思えたのです。いつもの優しくて無邪気な少年少女のような笑顔はそこにはなく、鋭い眼差しで作品と向き合い、まったく顔つきが違っていて職人のようでした。それを見た時、ものすごくかっこよくて、彼らへの尊敬の念が湧いたのと同時に、彼らの才能への憧れの気持ちと、ちょっとした嫉妬のような感情も自分の中にありました。

ものづくりをしている時や、otto&orabu で演奏している時、何かを表現している時の彼らの顔は本当に美しいと思います。そういう表情をずっと見ていたいと思った時、私はものづくり自体ではなく、ものづくりをしている彼らに興味を惹かれているのだと気付きました。普段は面白く個性的な彼らが、いったん何かを表現し始めると、鋭い眼差しで職人のような凜々しい顔つきに変化します。逆に言えば、そんな魅力たっぷりな彼らがつくり出すものだからこそ、作品が魅力的であり、多くの人に感動を与えるのだと思います」

理論を学ぶのも大切だが、相手をきちんと見て、知り、その人が今やろうとしていること、どんな気持ちでそうしようとしているのか、そこに寄り添える人が少しずつ増えつつあるのは本当に喜ばしいことだ。

## 丸い刺繍とともに生きた

二〇一八年末、利用者の神村八千代さんが亡くなった。

一七歳で入所し六二歳までの四五年間、しょうぶ学園の開設と共にここで暮らした。彼女はダウン症候群で、生まれつき心臓は弱かったが、学園で一番の人気者でひょうきんな性格は誰からも愛されていた。刺繍グループに四五年間所属し、数千枚の刺繍が今も保存されている。

三年ほど前に心臓の機能が低下し、以来経過を見守っていたが、次第に作業場まで行くことも困難な状態になった。身内といえば姉一人で彼女の意向により延命治療はしない方針をとった。病院より自宅で過ごした方が良いと考えられたが、お姉さんだけで看病するのは無理だった。入所施設では医療行為はほとんどできないから病院へ転院するのが普通だが、彼女の人生の三分の二を過ごした家はしょうぶ学園だったのだ。

私は学園で看取ることを考えた。昨今は普通の人でも自分の家で最期を迎えることは難しい。家族以外が一人の死を看取ることは困難であり、あえて行う勇気はまず持てない。ましてや看護師が常駐しているわけではなく、若い新人職員も夜勤に当たっている状況だからなおさら難しい。いろんなリスクを考え合わせながら何回も彼女のお姉さんと話し合った。職員の心身の負担と責任、医療的支援の困難性などを踏まえつつチームを編成し、職員間で確認しながら学園で看取ることにした。毎日のバイタルチェックの徹底と対応、体調が急変した場合の病院対応やケアする人のケアを含めたマニュアルの整備を行った。常にケアの体制に余白をつくり、多様化できることが大切であった。

職員は彼女を学園で看取ることに賛成してくれた。病院と施設で亡くなることの違いは、「安らかな気持ちになれる」という心の問題以外にはない。そして病院と違うところは、私たちが「慣れていない」ことであり、それがもたらす強みがあった。慣れていないがゆえに心配だから何回も様子を見に行っては声をかける。少しでも食べさせたいと思う。彼女のお姉さんも泊まり込んで必死に看病した。

意識が薄れ、危篤状態が続いたある日、ベッドのそばに行って声をかけると手がもぞもぞと動いている。糸も針も持たず刺繍をしている動きだった。彼女の身体が知っている快適な時間がそこにあったのだろう。

二〇一八年一二月二三日、お姉さんと職員と丸い刺繍作品に見守られながら安らかに息を引き取った。学園で看取るという私の決断は現場の職員の考え方と理解に支えられた結論だった。

## 光の届かないところに光をあてる

先日、職員に「登山の最中に行き止まってしまったらどうするか？」とクイズを出したら、意外と「どうすれば難局を打開して前へ進むことができるか」という発想で考える人が多かったことに驚いた。いったん下りて道を探すのもひとつの方法だ。戻ればいいだけなのに、後退する距離が一〇メートルなのか一〇〇メートルなのかわからない。そこに不安と焦りを感じ、せっかく登ったんだから台無しにしたくないと前へ上へと進もうとしてしまう。「積み上げてきたものがある」というプライドが退くことを失敗に感じさせるのだろう。引き下がったところで過去の実績がなくなるわけではないにもかかわらず。かつての私も何か問題にぶつかったら反発し、自分と違う価値観に出会ったらがむしゃらに向かって行った。

生きていれば相容れない考えの持ち主と関わらざるをえず、そのことで悩んだり揉め事が起きたりする。人それぞれの違いの分だけ問題は生じるだろう。それでも学園全体としては静かな湖面のようである必要はないが、揺れていながらも平和でいられたらと今は思う。

ともかく、この世に生まれて生きている限り、誰であれ否定的に扱うことなどできないのだ。そう思う人が増えればいいし、しょうぶ学園はそういう共同体でありたい。ただ、私は彼らのことを本当にはわかっていない。わかっていないから、「これが正しい」ということも言えない。だからもっともっと彼らのことを知りたいと思う。こちらから彼らの世界の一部しか見えないのは、光が届かないからだ。本当は、光の届かないところと私たちもつながっているし、得体の知れない何かを自分の内に持っている。

困っていた人が笑顔になり、悲しんでいた人が元気になる。喜んだり元気になるのも、こちらからすると理解できない奇妙なことによって変化がもたらされるのなら、私はその奇妙でよく見えない彼らの内から溢れる「何か」を探し続けるしかない。それは整数で表せるものではない。整数と整数の間の無数の小数点で示された世界だ。

社会に適応し常識を備えた人の価値観は整数で構成されている。それとは逆に障がい者の中には小数点上の見えにくい世界を見ている人もいる。そこには人の内面や現実そのままが表現されている。社会規範や常識とは無関係にあることが多く、理解が難しい。けれども独創的でおもしろいのだ。

神村八千代作品

それは直接的で、単なるルーティーンや遊び、あるいは習慣的行為としての結果であったりする。このような人間の直感や習性から生まれた人間そのものの行為は理解されにくい。行いの目的を説明できる私たちとは異なっているから、創作というよりは私たちとは違う独自の目的と力を内面に持っているように思えるのである。

「利己的」でこだわりの強い知的障がい者は社会性が低い傾向がある。彼らの行いは自然な根源的欲求とは気づかれず、奇行や行動障害として見られる。彼らの非常識的な行為は時として「他者にも社会にも合わさない。周りへ影響を及ぼす秩序がない人」として扱われ、その言動はハプニング（偶発的事件）として問題視されることがある。当人にとって行為や表現は当たり前でナチュラルなことなのに、私たちからは、ハプニングに見えることがある。これを私は「ナチュラルハプニング」と呼んでいる。

ナチュラルを自然であり普通なことと捉えれば、彼らの考える「普通」とは一体どういう意味なのか。「普通の暮らし」とよく耳にするが、少数派の人たちと多数派の人たちに共通する「普通」はあり得るのか。あるとしたら誰が決めるのか。

「普通の暮らし」を実現しようとするノーマライゼーションやソーシャルインクルージョンに向けた動きは、障がい者に対する社会の認識の変化を促すようでいて、結局のところ社会よりも「障がい者」の変容を重視しているように読み取れないだろうか。

障がいを持つ人たちの社会への適応力を増進させようとする。そのための表面的な戦略として「障がい者」が「健常者」の生活様式への適応を求められ、これらの目的を達成するための手段がリハビリテーション（社会適応訓練）、つまり同化的ノーマライゼーションである。

はたして、このような訓練によって自己実現、そして幸福という次元で「障がい者」と「健常者」の壁はなくなるのだろうか。

障がいが完全に回復しない以上、「健常者」の生活様式への適応は困難だ。障がいの程度が「重度」になればなるほど、それが顕著になることはいうまでもない。「障がい者」の社会適応だけを強調するのではなく、社会が生活様式の多様性を拡大し周囲の健常者の認識が変容されるべきだ。「障がい者」をありのままに受け入れていく思想こそが求められるのである。

なぜならノーマルとは何かは永久に曖昧なのだから。

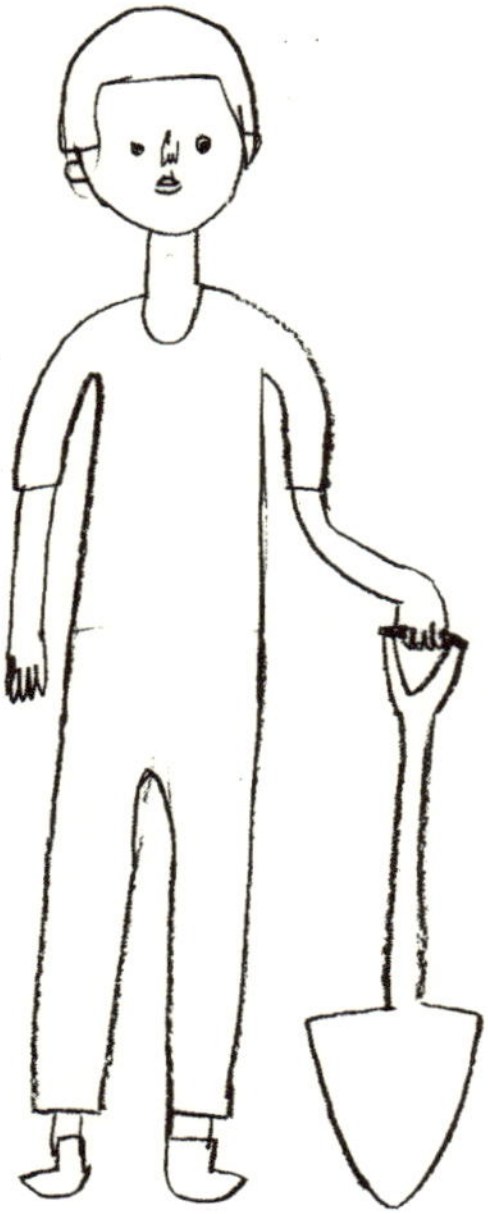

あなたにサンキュウ

# おわりに

しょうぶ学園は一九七三年四月一日に創設された。

高度経済成長の影響を受け、一九六九年からは民間福祉施設へ政府や県の補助金が交付されるようになっていた。学園が誕生した年は「福祉元年」と呼ばれ、障がい者福祉に対する行政の取り組みが始まった時期でもある。

今から遡ること半世紀以上前の一九五九年、私の母である悦子は中学校の特殊学級で障がい児を受け持つ教員であった。その六年後、精神薄弱児（当時）施設の指導員として療育にあたった。障がいを持つ子供を育てる方法がわからず、それでいて深い愛の中で育ててきた子供らの母親たちは、我が子の「何もできない」様子に劣等感を抱き続け、心は揺れ動いて止まなかった。

当時の母は勤務先の師にあたる人の「どんなに障がいが重くても誠心誠意に子供たちに接すれば、一人ひとりの人生を尊ぶことになる」という考えに心打たれたという。

一九七一年、母は園児の行く末のためにも自らが障がい者施設を立ち上げなければいけないとの思いを強くした。父、操は新聞記者時代を経て組合職員として働いていたが、職を辞した。夫婦の手探りによる開設準備が始まった。

しょうぶ学園の敷地は父方の先祖伝来の土地の寄付によるものだった。農業が家業であれば、土地は最も大切な財産であったが、祖父母の時義とエダは快く賛成してくれたという。さらに地域住民の了解も得つつ、法人設立の手続きのため県庁に足を運んでは、父は資格取得のための福祉の研修に勤しんだ。

一九七二年九月、施設工事が着工。同年一二月に社会福祉法人の認可が下りた。法人名が「太陽会」と命名されたのは、国民体育大会が鹿児島で「太陽国体」として開催されたのを記念してのことだという。

入所者五〇人で始まった「しょうぶ学園」は異なった年齢と能力、生育歴を持つ人の集まりであった。それぞれの個性も露わな毎日は父母にとって格闘であり、勉強と悩みにまみれつつ喜怒哀楽に彩られて日々が過ぎていった。

ある日のこと、母は鹿児島市内から離れた入所予定の兄と姉妹の知的障がいを持つ三人の実家を訪ねた。広い田んぼに鶴の群れがおり、竹山の中に傾いた一軒家があった。崩れかけた囲炉裏の周りには薪が散らばり、鍋がひとつ。蓋を開けると煮詰まったイワシが冷たくなっていた。薄暗い棚の上に亡妻の写真が置かれ、玄関のポストらしき箱を覗くと一年前に届いた学園の職員からの年賀状がそのまま入っていた。

彼らの父親が陽のあたる庭に出てきた。髪の毛は茫々として縮れ、着ている服は色あせてしまい一色に見えた。両手を揃え頭を下げ、かすれた声でこう言った。

「私も鹿児島へ行きたい。子供たちが参加する運動会を見たい。どうか頼みます」

貧しくとも住み慣れた家から子供らが学園に移ったのは、本人の意思ではなく役所の保護によってだった。入園当時は、周囲の人と馴染まず、笑うこともなかった。食べるものはご飯と味噌汁だけ。肉やおかず、牛乳には手をつけなかった。衣服には頓着せず、まったく乱雑であった。髪の毛は棕櫚《しゅろ》の皮のように固かった。一九七三年に子どもたちが入所してから五年後、運動会を見ることは叶わずその父親は亡くなった。三人の子供は悲しみ、大粒の涙を流した。

力になれなくてごめんなさい。

このような思いを背景にしてか、父は「凡太」という新聞記者時代のペンネームで詞「明るく太陽の子」を書いた。

学園の森はほのぼのと
涼しい小鳥たちのオーケストラで幕をあける
風を破る園生たちのラジオ体操
はずんだ呼吸は白い蝶のように軽快である
自然のキャンパスに咲き誇る花
あちらでもこちらでも太陽の子たちが歌っている
小鳥も負けずに歌っている
この透明なたたずまいは　楽しい二重奏の指揮者であろうか
眼下にそびえ立つ桜島は　母の懐のような温もりをひそめている
園生たちの心に宿る神をくっきりと映し出しているのだ
すくすくと強く豊かに伸びゆく園生たち
あたたかい社会の手が皆さんの頭上に
香り高い花のように
明日　必ず降り注ぐであろう

父もまた彼らの無垢で愛らしい自由な声を包み込むように丁寧で優しくて力強い音の響

きを心がけたのか。内側に優しさの願いを込めて父も叫んだのだろうか。

世の中は進化して前に進もうとしている。マジョリティーが抱くその錯覚を利用者たちの不協和音が伴奏する。前に進むことを拒むように。私は知的に障がいのある成熟した大人たちの力を借りて、健常の世界の不条理に本当の回復を夢見ている。

前に進むには退歩が必要だ。温故知新ならぬ「温故創新」とも言うべきか。過去に学ぶというよりも、「いかに過去と向かい合うか」を考えなくてはならない。過ぎ去った故《ふる》きをたずねる。そこに吹く風によって混沌とした新しい変化が生じ、滅びた時は蘇る。人の心は周りとの関係で生じていて、本来的には無常であるという。常に変化し、宙に浮き一定するものが無い。

それは人を不安にさせるが、無目的的で結果を求めないその状態は創造的でもある。決して悪いことではないはずだ。しかしながら人はやはり不安に耐えられなくなる。そのため多くの人は不安から脱け出すために行動している。たとえば、お金がないという不安からお金を手に入れるために行動するようになる。するといつの間にかお金に支配され、自分を見失う。

常に何かを蓄え、安定を図れば財産になる一方、それは溜まった水のように淀んでいくだろう。瞬間を浄化するように、穴の空いた器に水を注ぎつづければ淀みはしない。

朝の庭掃除

何かを手に入れたら蓄えず、潔く手放す態度は、知的に障がいのある人の創作活動から教わった。自分の持っているものや時間を手放すこと。財産は残らない。印象はいつも新鮮だ。永遠に継続すべき実態がないからこそ、瞬間的には自分だけに価値のあるものが生まれてくる。

目に見えず常に変転してやまないからこそ、再び新しい物事が生じる。滅んだ過去の復元ではなく、テクノロジーを駆使して進化を求めるのでもなく、本来持っている私たちの力を最大限発揮できる環境の中でどう循環再生するかが人間としての存続を左右する。

今夏、しょうぶ学園は一八歳未満の子供たちを対象にした、劇場のある新しい施設「アムアの森」を立ち上げた。多くの人々の支えが私たちの原動力となっていることに深く感謝しながら蒔いた思いの種が新しい芽ばえになることを信じている。

## 参考・引用文献

・池田三四郎『原点民藝』「美しさについて」用美社、一九八六年
・池田三四郎『続 原点民藝』「民藝美論——平易なる解説」用美社、一九九〇年
・鞍田崇『民藝のインティマシー——「いとおしさ」をデザインする』明治大学出版会、二〇一五年
・佐々木正人『アフォーダンス入門——知性はどこに生まれるか』講談社、二〇〇八年
・筒井正夫「柳宗悦における『物』と『心』（彦根論叢第302号）」滋賀大学経済経営研究所、一九九六年
・日本民藝館（監修）『用の美』世界文化社、二〇〇八年
・柳宗悦『柳宗悦全集 著作篇 第9巻 工芸文化』「どうしたら美しさが分るか」筑摩書房、一九八〇年

装丁　有山達也＋山本祐衣

撮影　イワタトシ子（口絵p.4〜5、p.29、p.81、p.97、p.140、p.154、p.158、p.196、p.207）
ヴェルナー・ペンツェル（p.150〜151）
三品鐘（p.17、p.20〜21、p.73）
西村浩一（p.133）
藤本幸一郎（口絵p.1）
しょうぶ学園（その他）

作画　榎本紗香（p.11、p.216）
濱田幹雄（本表紙）
森寿子（p.140）

製作　nui project（溝口ゆかり）（口絵p.4〜5）
nui project（吉本篤史）（口絵p.6）

構成　尹雄大

## 福森 伸 ふくもり・しん

1959年鹿児島県生まれ。知的障がい者支援施設しょうぶ学園統括施設長。1983年より「しょうぶ学園」に勤務。木材工芸デザインを独学し、「工房しょうぶ」を設立。特に2000年頃より縫うことにこだわってプロデュースした「nui project」は、国内外で作品が高く評価されている。また、音パフォーマンス「otto&orabu」・家具プロジェクト・食空間コーディネートなど「衣食住+コミュニケーション」をコンセプトに、工芸・芸術・音楽等、新しい「SHOBU STYLE」として、知的障がいをもつ人のさまざまな表現活動を通じて多岐にわたる社会とのコミュニケート活動をプロデュースしている。



ありのままがあるところ

2019年12月10日　初版
2025年3月10日　4刷

著者　福森伸
発行者　株式会社晶文社
東京都千代田区神田神保町1-11 〒101-0051
電話 03-3518-4940（代表）・4942（編集）
URL　http://www.shobunsha.co.jp
印刷・製本　中央精版印刷株式会社




ISBN978-4-7949-7163-0 Printed in Japan